LOCUS

LOCUS

Smile, please

smile 185
禪和拯救地球的藝術
作者：一行禪師（Thich Nhat Hanh）
譯者：汪橋
責任編輯：潘乃慧
封面設計：許慈力
校對：聞若婷
出版者：大塊文化出版股份有限公司
www.locuspublishing.com
台北市 10550 南京東路四段 25 號 11 樓
讀者服務專線：0800-006689
TEL：(02) 87123898　FAX：(02)87123897
郵撥帳號：18955675
戶名：大塊文化出版股份有限公司
法律顧問：董安丹律師、顧慕堯律師

總經銷：大和書報圖書股份有限公司
地址：新北市新莊區五工五路 2 號
TEL：(02) 89902588　FAX：(02) 22901658

初版一刷：2022 年 9 月
初版三刷：2023 年 3 月
定價：新台幣 380 元
Printed in Taiwan

禪與拯救地球的藝術

ZEN AND THE ART OF SAVING THE PLANET

一行禪師
THICH NHAT HANH 著

獻嚴法師——編輯、補充評論
真空法師——後記
汪橋——譯

目次

引言——獻嚴法師

一行禪師，我們稱他為Thầy（越南語老師的意思），是一位詩人、學者、和平主義者。他憑藉內在的寧靜和智慧，體現了激發人心、果斷、慈悲和無畏的入世精神。老師教導，禪修就是「深觀事實的核心，看到別人無法看到的」。他也說：「一旦看到就必須有行動，不然看到有什麼用呢？」

老師出家已經近八十年，他找到了有效的方法，結合禪法、正念修習，以及為和平、社會公義做出的非凡行動，並投入精力培訓下一代的入世佛教徒，建立健康的正念生活團體，成為持續改變世界的催化劑。

一九六〇年代，老師離開越南前往西方呼籲和平。作為非暴力轉化社會的主要倡導者，老師和馬丁・路德・金恩（Martin Luther King Jr.）博士有一個共同的願景——

建立超越分裂、歧視和憎恨的「摯愛社群」。在這個社群裡，所有人和所有種族都能真正和解共存。一九七〇年代，老師與朋友和同僚一起，在新加坡公海拯救越南船民，並在歐洲發起了早期的國際環境保護會議。在隨後數十年，老師建立了可在日常生活中傳授並應用正念的方法，讓百萬人接觸並認識正念。老師也和各界人士分享慈悲領袖的視野，包括政治家、商業人士、教師、社會運動參與者，乃至最近的矽谷執行長。他從個人在紛亂、極端時期經歷的痛苦，發展出簡單有力的全球倫理指引，引導我們向著光明前行。

當前，我們面對各種危機同時爆發：生態破壞、氣候變遷、不平等現象加劇，還有剝削、種族不平等，以及造成長遠毀滅性影響的疫情，事態嚴峻。為了盡我們所能面對這些挑戰，我們需要方法加強心靈的清明、慈悲和勇氣。精進的禪修和正念修習並非逃避這些問題的麻醉劑，而是令內心平靜，更清晰地觀照自己和這個世界。由此而生的清明和洞見，讓我們採取最適當和有效的行動，轉化目前的狀況並重建全新的文化，讓所有生命得到應有的尊重。

老師告訴我們：「這世界並不需要額外的意識形態或學說，而是一種能夠恢復我們靈性力量的覺醒。」這本書，由他的學生們編輯，把老師最具啟發且適時的教導傳給下一代，並指引他們持續保持精力，幫助社會和地球，**避免身心透支**。老師在十年前就囑托我們籌備這本書，我們從他的著作、開示、訪談及問答環節中，節錄了他最有力量的禪修教導，包括深層生態學、入世行動、社區建設及集體覺醒。現在我們懷著雀躍的心情，終於把這些教導匯集成書。老師提出非常實用的日常倫理，指引我們的決定和行動，轉化那些阻礙我們的日常習氣，幫助我們時刻接觸內在的喜悅和意義。老師解釋，若是沒有這樣的倫理指引，沒有靈性的層面去指引我們的日常生活，我們將失去一切。

老師於二〇一四年嚴重中風之前，我們之中有很多人與他一起在梅村修習，有機會直接體驗到他的教導。他指引我們並挑戰我們，有時鼓勵，有時呵斥。他溫柔如祖父，勇猛如戰士。有些時候，他動員我們成為他在世界各地入世行動的眾多手臂，而且無論給予什麼事務都必須直接去實踐（我學到，一個年輕的學生永遠不應問老師：「您確定嗎？」）。帶著真正的禪宗風格，老師有時候宣告：「不要只是**做事，坐在那裡！**」但在其他時候，他呼喚我們的名字，把我們從禪堂的蒲團驅趕出去，去做一些緊急而我們還沒完成的工作；在一些有迫切任務的日子，他眼中閃爍著光芒，微笑著提醒我們：「不需要吃午餐，人不進食數天也能生存。」而有些日子，看到我們辛勞工作忘了進食，他會靜靜走到廚房熬煮熱湯給我們當晚餐。

很難用言語表達老師的慈悲和他洞悉一切的注視；很難表達他的柔和與溫暖；難以解釋他給予學生多少無條件的愛和信任。老師鼓勵我們去勇敢想像一種嶄新的生活和做事方式，永遠不害怕去夢想。他提醒我們，無論如何都要一起行動，不離群獨行。作為走在這條道路上的同伴，我們邀請你參與我們這趟旅程，走向老師教導的精髓——禪與拯救地球的藝術。

老師一直在尋找你，我的孩子，
自天地伊始，山河無名，
老師就在尋找你。
縱使螺號聲聲，響徹十方，
你依舊在沉睡中，
老師在尋找你。
未曾離開古老群山，
我遙望遠方大地，
於萬千道路中認出你的腳步，
我的孩子，你要走向何方？
前世，你常執我手，一起漫步，

在古柏青松下促膝久坐。
我們並肩，默然佇立，
靜聽風的溫柔低吟，
仰望白雲掠過。
秋天的第一片紅葉落下，
你拾起贈予我，
老師帶你穿過皚皚白雪的樹林。
不論去往何方，
我們終將回歸那古老的山嶽，
與星月為伴，
在每個清晨邀請洪鐘響起，
喚醒沉睡的生靈。

——摘錄自一行禪師的詩作〈在森林邊緣〉（*At the Edge of the Forest*）

now
is the time
this is
it

前言

地球的美是正念的鐘，如果你看不見，你應該問自己為什麼。可能是你的視線被阻礙了，或者你正在忙碌地尋找其他東西，無法聽到地球的呼喚。

地球在說：「我的孩子，我為你在此，我給予你所有的一切。」這是真的：太陽的光芒、唱歌的鳥兒、清澈的溪流、春天盛開的櫻花，以及四季之美，這些全部為你存在。如果你看不見，那是因為你的頭腦已經塞滿太多事情了。

地球正在告訴你，她在這裡，她愛你。每朵花是地球的微笑，她在向你微笑，而你不想報以微笑。在你手中的果實，不論是橘子或奇異果，都是來自地球的禮物，但是你並不感恩，因為你沒有為地球、為生命存在。

要聽到地球呼喚並做出回應的重要條件是靜默。如果你的內在沒有靜默，你沒有辦法聽到她的呼喚——生命的呼喚。你的心在呼喚你，但你沒有聆聽，你沒有時間去聆聽你的心。

正念幫助我們停止心思散亂。只是把注意力集中於吸氣和呼氣，我們就停止了思考；只需要數秒鐘，我們就能發現，我們活著，我們在吸氣，我們存在。我們存在，我們並非不存在。「啊，」我們覺知：「我在這裡，活著。」我們停止追憶過去的事，停止擔憂未來，把所有注意力集中在我們正在呼吸這項事實。感謝正念呼吸讓我們自由。我們自由地存在於此時此地：從思緒、焦慮、恐懼和競爭中被釋放出來。

當我們自由時，我們可以回應地球的呼喚。「我在這裡，我是你的孩子。」我們確定自己是奇蹟的一部分。我們說：「我自由了，從一切阻礙我全然活著的事物中釋放出來，你可以倚賴我。」

當你醒覺，你會看到地球並非僅僅是環境，地球就是我們，你接觸到相即的本質。在此刻，你可以與地球真正地溝通，這是最高層次的祈禱。在這樣的關係中，你會得到改變生命所需的愛、力量和覺悟。

真相是，我們很多人與地球的關係疏離。我們忘記自己活著，在這裡，在這個美麗的星球。我們的身體是地球和整個宇宙賦予我們的奇蹟。如果說地球能夠賦予生命，這是因為她的內在同樣具有非地球的元素，包括太陽和星辰。地球不僅僅是地球，還包括整個宇宙。

只有當你具有這份正見、這種智慧，歧視和分別就不再存在，你和地球之間會有深入的交流、深入的溝通，所有美好的事物由此而生。你超越二元對立的思維：認為地球只是環境，而你處在中心，你只有需要維持自己存活時，才會為地球做些什麼。

當你吸氣並覺知自己的身體，透過深觀自己的身體，你瞭解到自己就是地球，你的意識也是地球的意識，你的意識因此成為自由的意識，從所有分別和錯誤的觀念中釋放出來。你正在實踐大地母親期待你去做的：覺悟，成為佛，你因而能夠幫助所有眾生，不僅是在地球的生命，究竟而言，甚至包括其他星球的生命。

我這一代人做錯了許多事情。我們向你們借來地球，並對你們造成嚴重的傷害和破壞。把受到破壞的地球交還給你們，我們感到羞愧，這並非我們所願。你們接收一個受到破壞和傷害的美麗地球，我們深感歉意。作為老一代的人，我希望年輕一代盡快採取行動。地球屬於你們——未來的世代，你們的命運和地球的命運都掌握在你們手裡。

我們的文化是「借貸文化」。當我們想買東西卻買不起的時候，譬如房子和車子，我們在未來要依靠自己的身體和勞力還債。我們一再借貸，但不知道自己是否有能力償還。我們向自己借、向自己的健康借、向地球借，但地球已經無法承受。我們已經從你們——我們的子孫那裡借了太多。地球和下一代都是我們，無分無別。地球是我們，你們也是我們。但真相是，我們並沒有什麼可以留下。

覺醒，覺知到我們不**需要**再借貸，非常重要。在此時此地存在的，**已經**足以讓我們得到滋養，得到幸福。這是念、定、慧的奇蹟：覺知到我們在現有的條件下可以幸福快樂，不需要努力爭取更多，就像我們一直在剝削地球。我們不需要再「借」任何東西，只有這樣的覺醒才能停止破壞。

這不是能夠獨自做到的事，我們需要一起覺醒。如果能夠一起覺醒，我們就有機會。我們之前的生活方式和對未來的規畫，把我們帶入這樣的境況。現在，我們需要深觀以找到出路，不是個人而是集體、作為一個物種一起去實踐。你們不能再依賴上一輩。我經常說：一位佛不夠。我們需要集體覺醒，所有的人都要成佛，給予我們的地球一個機會。

第一部分

不同凡響的洞察

全新的觀看方式

Be still and see

【獻嚴法師】

你坐得舒適嗎？

老師非常清楚，有一樣東西我們有力量去改變，並由此改變一切，那是我們的心。我們的心是我們接觸世界以及與世界交流的工具，它保留了我們的沮喪和恐懼、我們的希望和夢想。我們的心觀看事物的方式，決定了我們的選擇：採取行動或逃避、如何行動、與愛的人或恨的人的關係，以及我們回應危機的方式。在佛教，我們常說：萬法唯心造。我們的認知受到語言、文化及社會的趨勢所制約，往往把現實放到不合適的框架和種類。這些分別的標籤限制了我們的明晰心智和保護地球的行動，也阻礙我們和彼此及這個世界和睦共處。

我們或許冀望這個世界甦醒並採取行動，但什麼樣的覺醒才真正有幫助？我們需要醒覺什麼？

佛教談及兩個層次的真理：標籤和外相的層次，稱為「世俗諦」；深層的實相為「勝義諦」。老師教導我們，如果我們想幫助社會和地球，我們需要覺悟這兩個層次的真理所發生的一切。

梅村是老師在法國西南部建立的國際修習中心和道場。老師教導我們關於禪宗最古老、最有力量的經典——《金剛經》。這是世界上關於深層生態學最早的闡述，是人類共同擁有的智慧遺產寶藏。這部經文源於西元第二與第五世紀之間的印度次大陸東北部。甚至有印在桑白皮與麻製成的紙上、自九世紀流傳下來的《金剛經》卷軸，在偏遠的敦煌洞窟中被發現，也就是古絲路進入中國西部之處。這是世界上最古老的印刷品。數年前到倫敦的弘法之旅，老師帶著我們數十人到大英博物館去看這部經卷。這個時代讓智慧超越了地域和世代。

在以下的篇章，你將發現《金剛經》提出的深刻論辯，給予我們看待世界的突破點。它提供四個主題，讓我們直接切入生命是什麼或不是什麼的敘事，以接近事實真相更深的層次。《金剛經》，亦稱《佛說能斷金剛般若波羅蜜多經》（梵語：vájra-cchedikā-prajñā-pāramitā-sūtra），是切斷一切煩惱的「金剛石」。運用《金剛經》的教導，可以賦予我們巨大的能量和清明，以採取適當的行動。

停下來、退後一步是難以想像的困難，甚至令人害怕。事實上，我們很少有機會挑戰社會烙印在內心的深層信念。由此，你或許會樂於慢慢閱讀以下篇章，花一些時間看看這些洞見如何直接運用在日常生活中。你或許想去散散步，給自己一些空間去沉思這些概念，或者在閱讀期間記下一些重點。就跟佛陀一樣，老師總是說：「無論你做什麼，不要盲目相信我所說的話，你自己需要去實踐和驗證。」

你準備好去發現一些關於真理的闡述嗎？

春雷

我們之中有很多人還未甦醒。我們生活在這個世界，但沒有真正認識它；我們就像夢遊者一般。甦醒，首先是意識到地球之美。你意識到你有身體，而你的身體是由大地、太陽和星辰所組成；你意識到天空很美，我們的星球是宇宙的珠寶。你有機會成為大地的孩子，在這個不同凡響的星球上行走。

第二，甦醒是指意識到這個世界的痛苦。你意識到地球正處於危機之中，現存的物種也很危險。你希望找到方法去舒緩、療癒並轉化，這需要大量的能量來源。如果你的內在有強烈的美善願望、有慈愛，這樣的能量可以幫助你做到兩件事：意識到地球之美以療癒自己，以及意識到世界的痛苦並嘗試幫助。如果你的內在有這種力量之源，如果你的心充滿愛，你就是所謂「行動中的佛」。

如果你看到世界的痛苦，但你還未改變自己生活的模式，這意謂著你的「甦醒」還未具備足夠的力量，你還沒完全醒來。在禪宗，禪師會做任何事讓你醒來，有時呵斥，甚至打你。禪師的呵斥就像春雷隆隆，把你叫醒，雨水隨著春雷而至，青草和花兒因而盛放。

我們需要**真正**的甦醒，真正的覺悟。新訂定的法律和規範並不足夠，我們需要改變自己的**觀念**與看待事物的方式。這是有可能的，但事實上，我們還未真正去嘗試。我們每個人都必須親自實踐，沒有人能代替我們。如果你是一位社會運動參與者，你急切地想做一些事情，你必須從自己和自己的心著手。

我的信念是，如果我們不能改變自己的思考模式和意識，便無法改變這個世界。集體改變思想和看待事物的方式很關鍵。少了這一步，我們無法期待世界改變。

集體覺醒來自個人的覺醒。你首先要喚醒**自己**，周遭的人才有機會覺醒。當我們自己能少受點苦，我們就有能力幫助他人，幫助他人改變。平靜、甦醒及覺悟總是由你開始，你需要倚賴自己。

此外，我們必須學習幸福的藝術：真正為生命而在，才能得到需要的滋養和療癒。另一方面，我們需要學習痛苦的藝術，也就是受苦之道，才能大大減少自己的痛苦，也幫助他人少受點苦。回到自己，照顧內在的痛苦、恐懼和絕望，需要勇氣和愛。

禪修很重要，為了走出絕望、獲得無畏的洞見、保持內在慈悲的鮮活，成為地球上幫助眾生的真正工具。禪修並不意謂逃離生活，而是用時間去深觀。你願意花時間不做任何事，只是禪坐、行禪，深觀當下的情境與自己的心。

永恆在當下

每一天都有生物滅絕。有調查研究估計每一年有逾兩萬個物種絕滅，速度還在增加中。這是現在進行式，不是未來才會發生的事。我們知道，二億五千一百萬年前，由於巨大的火山爆發，引發過全球暖化。那次暖化導致地球史上最嚴重的大滅絕。當時地球的溫度提高了攝氏六度，足以讓百分之九十五的物種滅絕。如今，我們面臨第二次大規模的暖化，這次還加上人類伐木和工業污染的影響。或許百年之內，人類便不存在這個星球了。上次大滅絕之後，地球花了一億年恢復生命。如果我們的文明消失，大概也需要同樣的時間讓另一個文明重現。

我們深觀這個情況時，很自然會生起恐懼、沮喪和悲傷的感受，因此我們需要訓練自己透過正念呼吸的修習，以我們的入息和出息接觸永恆。大滅絕已經發生了五次，現在正在醞釀第六次。根據佛教深邃的洞見，萬物不生不滅。滅絕之後，生命將以其他形式重現。

你需要深深地呼吸，以認知我們人類有一天終將消失。

我們要如何接受這麼殘酷的事實而不被絕望淹沒？我們的絕望源於對自己和這個世界的概念。當我們重新審視自己的想法，改變思考和看待事物的方式，就有可能轉化分別心——我們痛苦的根源。

我們能夠訓練自己更深入地認識和經歷當下。一旦在當下深入接觸到實相，我們就接觸到過去、未來，接觸到永恆。我們就是環境，我們**就是**地球，而地球有能力恢復平衡，即使很多物種會在恢復平衡之前消失。

在當下接觸到永恆，毋須多年的修習。你可以在一瞬間接觸到它。帶著正念和專注深吸一口氣，在大地上行走一步，都能幫助你超越時間。當你深刻接觸到當下這一刻，你便擁有了無限的生命。

禪脈

禪的梵文是 Dhyāna，中文發音是 Chan，越南語是 thiền。中文字「禪」意指「靜慮的修習」。在我承襲的傳統中，我們會說：「深觀的修習。」

為了深觀，你需要花時間處於當下，帶著正念和定，把注意力帶到正在發生的事情並深入觀照。具有正念和定的能量，你便能突破，看到存在於此時此地事物的真正本質，也許是一朵雲、一顆小石子、另一個人，或是你的憤怒，甚至是你的身體。禪修，是全然地存在並深入觀照。

越南佛教始於禪修的傳統。三世紀初，一名商人或許是沿著所謂的海上絲綢之路，從中亞的粟特（Sogdia）遊歷到今日的越南中部。他在那裡停留做生意，等待有利他乘船返回印度的風向。這名年輕商人發現越南非常宜人，於是在當地安頓下來，與一名越南女子結婚。他們生了一個印度和越南混血的男孩，後來成為越南和中國的第一位佛教禪宗老師——康僧會。

康僧會十歲時，父母離世了，他被送到一間印度佛教寺院，位於現今的越南北部，受訓成為僧人。那些寺院是由港口和貿易中心的印度僧人所建，目的是讓印度商人長時間居留。三世紀，佛教盛行，年輕的康僧會研讀了梵文和漢語。他在往北、穿過邊界進入中國東吳分享佛教禪修之前，建立了一個禪修團體，以越南語授課。

根據記載，當康僧會來到東吳，當地還沒有佛教僧人，他是第一位。他蓋了一間小茅屋並修習行禪，關於他在那裡的消息傳開了。他受到皇帝召見，皇帝對他很欽佩，在三世紀中期，允許康僧會在東吳建立第一間佛教寺院——「建初寺」。在那裡，康僧會開始傳授禪法並舉行剃度儀式，剃度了一批佛教僧人，那是菩提達摩東來之前的三百年。

很多人認為菩提達摩是中國的第一位禪宗導師，這並不真確，在他之前三百年，康僧會已經在那裡弘法。康僧會的文字至今仍保留著，包括珍貴的翻譯和註釋。

金剛能斷

在《金剛經》裡，禪修者被敦促要**摒棄**、去除四個概念——我相、人相、眾生相、壽者相，以明瞭自己和實相的真正本質。經中說，如果還執著於這些概念，你就還未自由，無法成為真正的菩薩——能幫助世間減輕苦難的覺者。但如果你能斷除這些概念，你將獲得拯救地球所需的智慧、理解和自由。

摒棄一個見解需要智慧和勇氣。如果我們一直在受苦，可能是因為我們執著於某個見解，未能放下。「摒棄」是非常強烈的用語，這不是簡單的「放下」而已。在那麼久以前，康僧會用了「摒棄」來詮釋巴利文 Patinissagga 這個字。

深入觀照和禪坐的目的是要獲得智慧，而智慧需要**我們自己**去體驗。所以，我們不應浪費時間累積新的概念和知識；我們學習的方式應該要能幫助我們克服真正的挑戰和阻礙。禪師的目標是幫助學生轉化，而不是傳遞見解和知識。禪師不是教授。

我的傳承是九世紀臨濟禪師的法脈。他說：「我的目標不是授予你知識。我的目的是要幫助你從你的想法中解脫。」理解不應僅是空洞的知識，而是深邃的智慧。智慧不是思考的結果，而是從定中所得的心領神會。如果是真正的智慧，它具有足夠的力量，把你從憤怒、恐懼和痛苦釋放出來。

見性，即使一生一次，也不算是小成就。因為見性一次，就能再度見性，端乎你是否具足決心與精進心。

你超乎你所想

你首要摒棄的是「我相」的概念。這是每個人根深柢固的信念：有一個我，與世界其他所有的一切區隔開來。我們是我們自己，其他人和物，包括地球都不是「我們」。我們自出生就有這個強烈的信念：我是獨立的個體。「我不是你，那是你的問題，不是我的問題。」理智上，你明白沒有什麼可以獨立存在，但事實是，我們的信

念和行為顯示我們就如獨立的個體。這是我們的思想和行為基礎，由此製造了許多痛苦，需要密集的訓練，才能去除這個概念。

事實是，並沒有我。有思考，有沉思，但沒有一人在後面。當笛卡兒說「我思故我在」，他在說，那個時候他在思考，他是那個思想。佛陀則說，有思考在進行，但不確定在思考背後有一個「我」。我們確認思考在進行中，但我們能說那裡有個思考者嗎？有痛的感受時，我們可以確切地說有痛的感受，但是否有個感受者，那不能確定。這就如同說：「在下雨。」正在下雨，這是肯定的，但並沒有下雨者。你並不需要「下雨者」讓「下雨」發生。同樣地，你不需要一個思考者讓思考發生；你不需要一位感受者讓感受發生。這是「無我」的教導。

在「我」這個概念中有個想法：我是這個身體，這個身體是我；或者，這個身體屬於我，這屬於我。但這個想法並不能對應到事實。當你深入觀察你的身體，你看到自己的身體像流水，你看到父母和祖先都在這條河流之中。因此，河流在那裡，但並不確定是否有個「我自己」在那裡。在這條河流中，你看到祖先和所有的一切——不僅是人類祖先，還有動物、植物和礦物的祖先。這是一個連續體，其中是否有個

「人」，有個行動者，並不確定。

「萬物相即」*是更好的陳述方式。在相互聯繫、相即的層面而言，這比較接近事實。如果父親和兒子、母親和女兒，具備「無我」的洞見，他們依據相即的概念看待對方，那就不會再有問題。我們相即。我會**這樣**，是因為你是**那樣**。

摒棄「我是」這個概念非常重要，因為它沒有反映出事實的真正本質。「獨立的我」這個概念就像一條我們不斷進入的隧道。禪修時，你會發現有呼吸，但在任何地方都找不到呼吸者；有禪坐，但任何地方都找不到禪坐者。當你明白這件事，「隧道」就會消失，從而有了無限的空間和自由。

我是誰？

我是我的父母的延續，我是我的祖先的延續，這非常明顯。我並沒有一個獨立的我。我在我身體的每個細胞，看到我的父母；我在我身體的每個細胞，看到我的祖先；我在我身體的每個細胞，看到我的國家、我的同胞。我看到我是由許多元素——

非我的元素所構成。我由非我的元素形成，當這些元素聚集在一起，便造就了我，所以我是那些元素。我沒有一個獨立的存在，我沒有一個獨立的自己。

這是正見。如此看待事物，你不再孤獨，因為你**就是**宇宙。你有這個身體，但你也有一個宇宙身。整個宇宙都能在你之內被發現。你在此時此地有個宇宙身，你可以和在你之內的宇宙交談。你可以和在你之內的父親、在你之內的母親、在你之內的祖先交談。你由非你的元素組成，你是你的父母、祖先、星星、月亮、太陽、河流和山脈的延續。一切都在你之內，所以你可以和它們講話，你也知道，你是這個世界，你是這個宇宙。禪修能讓你看見這一切。當你安定時，你開始看見。

假設海洋的一個浪花問自己：「我是誰？」如果這朵浪花有時間與自己連結，她會發現自己就是海洋。她是海浪，同時也是海洋；她不單是這道浪花，她也是其他浪花。因此，她看到了自己和其他浪花之間的連結與相即的本質，在她和非她之間，她不再分別。浪花覺知到自己有海浪身，也有海洋身。當海浪辨識到她的海洋身時，她

＊相即：一切現象同體且相互包含的關係。同體關係謂之相即，相互包含的關係謂之相入。出自《華嚴經》。

不再恐懼，不再分別。

這是禪修的**好處**，能幫助你接觸到自己的根源，從分別和恐懼中解脫。如果你相信你有一個自己——與祖先和宇宙分隔的個體，那麼你錯了。是有一個**你**存在，但是由非你的元素所構成。

如果你以正念和定生活，你將愈來愈深入接觸在你之中的真理。有一天，你將發現自己歇息在宇宙大地。在基督教，他們說，安息主懷。當海浪在海洋之中休息，她平靜而安詳；當你在你的宇宙身中休息，你平靜安詳。當你修習行禪，你行走的每一步能幫助你接觸到宇宙身和海洋身，那將令你不朽。你不再害怕死亡。我們之中有很多人太忙碌了，沒有時間好好呼吸和步行，以接觸到自己的宇宙身——我們不生不滅的真正本質。

禪修能令人感到滿足。你在尋找自己，你在尋找意義，而禪修就是花時間去深觀和聆聽。當你這麼做，能夠接觸到自己的本質，釋放所有的恐懼和分別。

深層生態學

《金剛經》告訴我們要摒棄的第二個概念是「人相」。我們知道智人（*Homo sapiens*）是地球上非常年輕的物種。我們很晚才抵達地球，但我們表現得像是這裡的老闆，堅信我們是特殊的，認為我們有權駕馭一切，包括其他物種，猶如它們是為我們而存在。帶著這樣的觀念，我們大肆破壞地球。我們不惜一切，只想謀求人類的安全、豐盛、幸福。但深入觀察，我們看到人類只是由非人類的元素所組成，包括植物、動物和礦物。不僅是在歷史上，而是每個時刻，我們都持續和所有在我們之內和周遭的非人類元素相即。這非常明顯，沒有植物、動物和礦物，人類如何在地球上生存？如果你消除或退還所有這些元素，人類就無法存在。然而，我們仍為了保護及捍衛自己，破壞「非我們」的元素，包括其他物種。

在日常生活中，我們需要用言語去辨識並說明一切事物，但這樣還不足夠。現代數理邏輯還在使用一致原則（principle of identity）：**A只能是A，A不能是B**。但佛陀提出，當你深入觀察，你認識到A**不僅是**A，A全是由非A的元素所組成。人類則是由**所有的**祖先生成的。山嶽、河流、玫瑰、地球，都是由非山嶽、非河流、非玫瑰、非地球的元素組合而成。當我們明白這一點，我們便自由了。「人類」和「山嶽」只是標籤和名稱，並非真正的實質，沒有一個獨立存在的個體。這就是《金剛經》的辯證之劍：當A不是A，它才能真正是A。

人存在於一切，一切存在於人之中。山在我們之內，你看見了嗎？雲在我們之內，你看見了嗎？不僅過去我們曾經是雲朵或石頭，今天我們**還是**雲朵和石頭。在過去生，我們曾經是爬行動物。我們是人，這一點沒錯，但同時我們也是一切。明白了這一點，我們認識到保存其他物種就是保存我們自己，這便是相即，深層生態學的最深邃教導。

禪宗說：「參禪之初，看山是山，看水是水；禪有悟時，看山不是山，看水不是水；禪中徹悟，看山**仍是**山，看水**仍是**水。」能夠這樣觀看，就自由了。

我認識一些生態學家，他們在人際關係中並不幸福。他們努力去保護環境，這成為他們逃離伴侶的機會。但是，如果這個人內心不快樂，他如何去保護環境？因此，保護非人的元素就是在保護人類，保護人類也是在保護非人的元素。這種相即的智慧具有喚醒我們的力量。

生命無限

《金剛經》告訴我們要摒棄的第三個概念是「眾生相」。我們很多人執著於分別「有情」或「有覺知」的生命與「無情」或「無覺知」的物質。但演化學告訴我們，我們不僅有人類和動物的祖先，還有礦物的祖先。把生物從無覺知的世界分隔、畫分開來，並不正確。

我們是由「無情」的元素組成的。一粒塵、構成物質的基本單元──夸克，它們是我們，我們是它們。我們需要超越身和心、物質與心靈、意識和物質世界的概念。它們是絕大的障礙。現代科學家發現，即使是光子和電子都有自己的智力，不亞於意識。它們不是沒有生氣或不具生命。一粒玉米種子有它自己理解的方式：只要你把它栽種到泥土裡，十日內它懂得發芽，並長成一棵有葉子、玉米鬚和穗軸的玉米。被稱為無生命的東西並非沒有生命，它們非常有生命力。

我們不單分別「生命」或「無生命」，還分別凡人和神聖或不朽。我們有分別眾生和聖人的傾向。禪修是要深入觀照你自己，去發現你是由非你的元素組成，**包括神聖的元素**。我們必須去除「眾生」與「非眾生」的分別，或是眾生與覺者或聖人不同的想法，因為這些想法造成很多分化、歧視和痛苦。這是《金剛經》的教導和革命。

當我們根據這樣的洞見看待地球，我們不會認為這個星球是惰性物質，反而是神聖的存在，而我們是其中的一部分。如此看待，我們對地球的態度就會改變。我們能夠用愛和尊重的腳步行走於大地之上，覺知到我們有能力做出改變。

小心不要被困住了！

禪宗有一則公案，讓禪修者參：「狗子有沒有佛性？」不僅狗有佛性，石頭和地球也有佛性。大地展現了智慧、覺醒、幸福，以及其他諸多美德。我們可以說，大地也是一位女性佛陀、一位母親。「誰的母親？」你會問。可以是人身佛陀的母親，也可以是非人身佛陀的母親。當我們不被困於表相之中，很容易意識到佛的存在。

當我們使用「佛」這個字，指的只是佛的概念。也許你聽過一個關於「佛」字的禪宗故事。一位禪師在教學時用到「佛」這個字，他非常謹慎，因為「佛」這個字及其概念非常微妙，足以成為聆聽者的囚牢。人們或許以為自己清楚佛陀是誰、佛是怎麼樣，因而困於這些想法。

使用「佛」這個術語非常危險，就如「上帝」這個術語。因此，這位禪師為了幫助聆聽他開示的人不被困住，他說：「朋友們，我被迫使用『佛』這個字。我並不喜歡這個字，我對它敏感。每次我用了這個字，都要到河邊漱口三次。」這是非常強烈的教導，非常具有禪味。在場每個人都沉默不語，但是一名坐在後面的學生站起來說：「老師！每一次我聽到您說這個字，我都要到河邊洗耳三次。」

我們很幸運，有這樣的老師、這樣的學生，幫助我們不致迷失，或是困在概念和語言之中。

念、定、慧以種子的形式潛藏在我們之內，那是我們的佛的本性。每個人都具有佛性，那是好消息。這不是期盼，這是事實。梵文的字根 Budh- 的意思是「覺醒」。如果你覺知到地球的美，你已是佛，如果你懂得整天保持覺醒的精神，你就是全職的佛。成佛並不難。

你是一切

你或許以為自己只是這個身體，但你遠遠超過這個身體。深觀就是要看到你在每一處。你的本質是非局部性的。

有時候，禪師需要造一些新詞，特別是當一些舊詞病了，失去原本的意思。臨濟禪師在九世紀創造了「無位真人」這個術語。這幾個字非常重要。他說，我們生活和修習正念的方式，是要顯現我們的「真人」。這個真人，超越空間和時間，沒有定位，就像物理上的電子，無法被抓取。此時坐在這裡，我們意識到地球在這裡，有山嶽、河流和天空，而我們與這些元素相即。雲朵在天空，但也在我們之中；太陽的光在閃耀，也在我們之內照耀。

當大災難或自然災害發生時，成千上萬的人死亡，我們會問自己：「怎麼會有這樣的事情發生？為什麼有些人會死，而不是其他人？為什麼我能生存下來？」

我修習禪坐和深觀，我明白到，當他們死亡時，我們和他們一起逝去。因為我們和他們相即，就像當我們愛的人死了，我們有一小部分也跟著死去；就某方面而言，我們跟著他們去世了。在自然災害中死去的人為我們而死，而我們為他們活著。端視我們現在的生活方式，他們的死亡可能具有某種意義。我們活著，他們也繼續和我們一起活著，我們帶著所有人走下去。抱持這樣相即的智慧，才能平靜安詳。

超越一期的生命

《金剛經》告訴我們要摒棄的第四個概念是「壽者」。我們相信在一個時刻，我們出生了；在另外一個時刻，我們會死亡。我們認為自己只是存在於這兩個點之間。這就落入「壽者相」的概念。我們以為自己只在地球上存在一段時間。我們以為，我們從「無」的層面成為「有」，然後停留在這個「有」的層面一百年，然後返回「無」的層面。

《四十二章經》記載，有一天，佛陀問他的弟子：「一生有多長？」其中一人回答：「啊，一百年。」佛陀微笑。另一人回答：「二十年。」另一人則回答：「一天。」一位僧人回答：「一次呼吸的長度。」佛陀說：「對，沒錯。」我們在每一次呼吸重生。今日的你已是新的一生，延續著昨日的你。

有一則禪宗公案問：「父母未生前，你的本來面目？」這並非哲學的問題，而是參究的對象，是你日以繼夜參的公案。為了讓它成為真正的公案，你投入百分百的身與心，以獲得突破。

透過觀察，我們瞭解到：不可能從有到無，從一個人變成無此人。只是以不同的形式持續展現。我們在出生之前已經存在，死後會繼續存在。沒有事物能從有變成無。就如科學家拉瓦節（Lavoisier）所發現的：「沒有東西被創造，沒有東西不見，一切都是轉化。」

譬如，我父親已經離世，但他沒有消失，他依然存在。我們的每個細胞中有我們的父母和祖先，我們可以在此時此地和他們講話。我常常這麼做。我感到父親總是與我同在，我邀請他和我一同行走，一起呼吸。他無法在一生中做到的事，我嘗試為他去做，我們相即。

你的老師把他所知傳遞給你，他在你之內，而你把他帶到未來。在你之中的老師，也許與外在的老師樣子不同、聲音不同、感受不同。我常與自己的師父對話。我知道我所做的每件事，也是為他而做，我帶著他到未來，把他交付給你們，再將他帶往更遠的未來。在我之內的師父與在我之外的師父並不完全相同。在我之內的師父更關注社會上發生的事情，且能發現一些新的教法幫助這個世界。我的師父已盡心盡力，我作為一名老師也已盡力，但有些事情我們尚未做到，我們的學生必須為我們去實踐。如果能幫助在你之內的老師演變，是非常好的事。

同樣地，在我們之內的佛陀也應該演變，我們能幫助他與時代接軌。這個時代的佛陀也懂得用手機，但是當他使用手機時，他是自由的。這個時代的佛陀知道如何幫忙處理當今面臨的挑戰，幫助我們不再破壞地球的美麗，或是浪費時間、互相競爭。這個時代的佛陀會獻出全球的倫理指引，為每個人指出可以遵循的道路——恢復和諧、保護地球、防止砍伐和減少污染。你，作為佛陀的延續，必須為這個世界找到一條路，防止生態系統的破壞，減少恐懼、暴力和絕望。我們需要允許自己內在的祖先、老師、佛陀去行動。拯救地球的工作一直在持續，超越你這一期的生命。

禪修者的任務

摒棄這四個錯誤的概念是《金剛經》所提倡的禪修。這是三摩地（samādhi），禪定力，你應該在日常生活中保持。無論是進食、行走、烹飪或坐著，都要訓練自己保持這種相即的智慧，從而突破我相、人相、眾生相和壽者相。這麼做，你能從分別中解脫。分別是**所有**痛苦的來源。

在我們的正念修習中心和寺院裡，每當聽到鐘聲，我們回到自己的呼吸，返回當下此刻。我們停止講話、停止正在做的一切事情，放鬆身體、釋放緊張，跟隨自己的呼吸。鐘，無論是寺院的洪鐘、飯廳的時鐘，或者是手機、電腦裡的正念鐘聲，都給我們一個停下來、深入觀照的機會。呼吸和聆聽鐘聲這個簡單的行為，是訓練「止」的方法。單單兩次或三次的呼吸，就能覺察內在和周遭發生的事。鐘聲邀請我們認識到，我們就是這個世界，就是宇宙，沒有隔閡。我們擁抱無限的空間和時間，當下成為永恆的時刻，我們不缺任何東西，過去、現在、未來都包含在這個時刻。

所有的恐懼、憤怒、沮喪和焦慮都是從錯誤的概念產生的。將之移除，就能更清晰地看到實相，用具體的方式釋放痛苦。如果你能如此接觸實相，你就產生了正見。當你具有正見，你所有的想法、言語、行動也都會是正確的。《金剛經》的深觀帶來無懼、無憎恨及不絕望，這是我們的志向所需的力量。具有無畏，即便發現自己面對很大的問題，也不會身心透支，因為我們懂得如何邁出小小安穩的步伐。如果我們之中有人從事環境保護，深觀這四種錯誤的概念：我相、人相、眾生相和壽者相，就會懂得怎麼處事、怎麼行動。

相即的智慧令你更自在。去除錯誤的想法，將之摒棄、打破，直抵實相的核心，是禪修者的任務。

【獻嚴法師】

依《金剛經》去理解和行動

《金剛經》就像是幫助我們重新建構自己的稜鏡。它開闊我們的眼界，了知生命是什麼跟不是什麼，以及我們想保護的地球的真正本質。它給予我們機會，從政治、政策和新聞退後一步，去檢視我們看待事物的角度及感知世界的基礎。

深觀這些洞見，不能只是在坐禪時進行。當我們心中具有相即的智慧，便能維持全然的臨在與平靜；準備早餐、洗澡、走在街上，以及享受日落或星夜時，都是好時機。智慧並不需要坐在蒲團上數百小時，才能生起。

《金剛經》幫助我們深刻領會：我們在生命之網中，密切相連。具有相即的洞見，我們知道自己永不孤單、無助，我們所做的一切都**具有重要意義**，這令人感到安慰。《金剛經》邀請我們摒棄以下這些想法：我們與家人、朋友和同事是分隔的個體；我們是與地球分隔的獨立個體。《金剛經》的教導邀請我們在當下體驗相即，去接觸比自己平日所想的更廣大的存在感。因此，我們能夠突破「現實」生活中的疏離感，以及線上「虛擬的我」或表面形象帶來的壓力，容許自己在每個時刻穿越時間和空間，去體驗真正的自己。

廣義而言，《金剛經》幫助我們超越認為人在這個世界是特殊、獨一無二的「優越感」，還有認為人的本質具有缺陷、無法改變的「自卑感」。其實我們兩者都不是，體會到這樣的洞見，讓我們謙卑，同時更有力量。

《金剛經》挑戰我們去摒棄這種概念：我們只能在壽命的開始和結束之間有所貢獻。當我們接觸到相即，穿越空間和時間之軸，我們就能**接觸**到祖先、後代，以及所有因為各種因素與我們分隔的人。我們可以開放自己，藉以接收他們的能量、撫慰和支持。徹底重新檢視「我」、「人」、「眾生」及「壽者」這些概念，我們能夠開始轉化令我們無力的絕望感，重新獲得活力，並且無所畏懼。我們聽得到上一代和下一代的聲音嗎？我們可以聽到這個時代沒有被聽見的聲音嗎？我們聽得見其他物種和大地的聲音嗎？

老師在梅村教導《金剛經》後，會帶我們到室外行禪。我們沿著泥濘小徑走過橡樹林，欣賞法國郊區起伏的山巒景致。有時，古老的教堂鐘聲在整個山谷迴盪著，我們會停下來幾分鐘，與天空、土地、祖先和我們心中的一切一起呼吸。當下與永恆同時存在。是誰的眼睛在觀賞日落？是誰的雙腳在行走？有多少世代的祖先與我們同行？什麼是壽命？你身體的暖意是從何時開始傳遞？

我記得我剃度之後不久，十二年前的某一天，我們出家眾在老師的靜修處欣賞木蘭花。我坐在草地上，老師忽然出現在我旁邊，我雙手合十鞠躬致敬。老師的頭微微向前傾，帶著好奇問：「你是誰？」我很驚訝。我知道老師有許多出家眾弟子，但是我的法名是老師替我取的，我以為他會記得我。我怯懦地微笑，呆住了。老師給我一個諒解的微笑便走開了，我不理解老師行為背後的意思。過了一段日子，有一天老師在禪堂把一位法師叫住，問了他同樣的問題：「你是誰？」那位法師巧妙地回答：「我不知道！」老師露出微笑，高興地宣告：「這是老師與學生之間真正的溝通！」老師教導我們，不知道的心是開放、自由的心，能夠覺知無限的可能性。

要在這一生拯救地球，我們會感到巨大的壓力，深恐自己做得不夠。一項嚴峻的事實是，這個地球不只需要拯救一次，它需要無數次的拯救，才能延續億萬年。以我們之力，要一次解決地球所有的問題，是不可能的。

地球至今仍然存在是一個奇蹟。地球於幾十億年前，藉著無數有利的因素和條件誕生，還需要無數有利的因素和條件，才能持續存在。有這樣的覺悟是好消息。我們處於生命之流，在這個時代盡自己的責任，然後盡己所能把我們所學到的傳遞給下一代，讓他們也盡一分力。本書的核心部分——「行動層面：嶄新的生活方式」，將探索老師的願景，探討我們如何參與創建真正具備革新和慈悲的文化，在我們的生命完結後，還能延續下去。

我們有些人也許被世界末日、地球「終結」的夢境或影像所困擾，為此焦慮不安。哀傷、焦慮、悲哀會烙印在我們的胸膛、眉頭和心中，令我們日夜黯然，這是這個時代的痛苦。有些人問：「我**還要**在生命中做些**什麼**才足夠？」也有人說：「什麼都無所謂，每個人都會死。地球在數十億年後會撞向太陽，為什麼不及時行樂？」《金剛經》的智慧顯示，這些人的觀點仍執著於「我相」和「人相」。相即的智慧突破了「我們死後，地球發生什麼事都與我無關」的想法。相信自己在這個地球還有未來，才願意為地球做些事，這種說法已無法成立。我們與地球是相即的存在。

我們之中有人會譏諷地聳聳肩說：「生命有什麼意義？」這麼說，是假設我們知道「生命」是怎麼一回事，只需瞭解生命的意義，一切就解決了。但我們確切知道生命是什麼嗎？《金剛經》的智慧告訴我們，生命超越我們的想像。我們可以訓練自己去理解，我們在每個時刻都在參與創建地球的未來，我們如今所做的每件事都能對地球的健康和生命力有所貢獻。

你不會湮滅

佛陀說，用一分鐘深觀死亡是非常有益的。因為，如果你明白死亡是怎麼回事，你會更有生命力。我年輕時曾想：「我年輕有活力，為什麼要想死亡的事？」後來我發現，深觀死亡，你會更加珍惜生命，體驗到活著的喜悅。

正信佛弟子或正統科學家無法接受永恆、不朽的靈魂之說。一切皆無常，萬物持續以不同的形貌顯現。但是也有相反的看法認為，身體分解後人會完全湮滅，這是另一個極端，另一個錯誤的見解——虛無主義的斷見。我們不應陷於永恆主義的常見，也不應陷於虛無主義的斷見，認為死後我們將成為**無物**。

想像你是一朵雲，由冰或水的微小晶體構成，在天空中飄浮，你很輕、不會掉下來。萬億個微小晶體相互影響、碰撞。有時，可能合併為冰雹或雨水降下，但是在中途也會遇到熱空氣再次蒸發。你就這樣上升、下降，再次上升。作為雲，你輪迴、復活、重生，持續不斷。作為雲朵，你不需要成為雨來得到新生命，你在每一時刻都有新的生命。你或許認為雲朵只是飄浮在那裡，是同一朵雲，但這並不真確。雲朵非常活躍，充滿能量。

作為人類，我們也是這樣，重生和延續一直在發生。每一刻我們都產生身、語、意的行為。我們的行為是一種能量，對自己和世界造成影響，它們就是我們的產物。它們是我們的雨、雪、雷電。在佛教，行為是所謂的「業」，是非常重要的詞語。

你的業力足跡

想像你的雲成為雨，落下成為河流的一部分。作為仍在天空中的其他雲朵，我們看見自己在下面的延續。在空中飄蕩很好，在下面流動也不錯。我們在上面，同時也在下面。我們這裡談及的是雲，但對人來說也是一樣。我們可以從我們的行為結果看到自己，在所愛的人身上以及自己領會的一切之中，看到自己。這是觀照之道：你不僅在你的身體看到自己，也在一切處，在身、語、意的行為中看到自己。你的行為是你在這個世界的延續。這是禪修的美妙之處：你知道你能做一些事情，讓你的延續更美好。充滿慈悲、理解和寬恕的行為是可能的，這是希望和喜悅的來源。

有所謂的「科學觀點」，認為一切都是偶然。哲學家羅素這樣描述人：「人是緣由的產物，不曉得最後的結局；人的出生、成長、希望與懼怕、愛與信念，不過是原子的偶然排列組合。」根據這個觀點，並沒有智能的設計，一切都是偶然。

在佛教，我們不會說某個計畫由神創造，我們說萬物顯現，是由於一種力量決定了這個世界和地球的狀態，這種力量便是業，也就是行為。地球的命運取決於我們的行為，並非取決於某個神明或偶然。我們的行為決定了一切。我相信科學家不難接受這個說法。

根據佛教，行為有三方面：身、語、意。當我們產生思想，這是一種能量、一種力量，能改變我們和世界，不論是朝著美善或不善的方向。如果這是正確的思想，它會為我們的身體與環境帶來療癒和滋養。正思維能夠令這個世界成為更好的居住地，一如錯誤的想法足以讓這個世界成為「地獄」。話語可以釋放緊張、調解紛爭或帶來希望，話語也能摧毀希望或導致家庭破裂。言語是一種能量和動力；身體的行動也是能量，能為我們和這個世界帶來療癒。我們的行為具有拯救、支持、緩解的力量。

或許，昨天我們產生了憎恨或憤怒的念頭，或者帶著憎恨或憤怒做了一些事，今天我們知道這不是美好的延續。做一些事情去轉化是有可能的。你安住在當下，覺知身體和呼吸，把注意力帶到昨天在身語意可能傷害了自己或別人的行為。坐在那裡，安住於此時此地，你生起原諒、慈悲及理解的念頭，與昨天相反。這種善念產生時，它接觸到其他的想法並即時中和，由此便改變了業。透過在此時此地修習正念，這是可能的。

自由意志是存在的，轉化是可能的。自由意志是正念。當正念介入，我們知道自己在想什麼、說什麼和做什麼。如果我們喜歡，會允許它繼續存在；不喜歡的話，可以選擇不同的作法。

我們產生的每個想法、所說的每個字、所做的每件事，都對我們的身體、思想和這個世界**造成影響**，這稱作「果報」。我們所在的環境就是**我們**，也是我們行為的結果。我們的生活方式破壞了環境，令很多物種滅絕，這**是**我們的果報。

你需要對自己的身心及環境負責，你的環境就是你。當你看見一棵樹，不要認為這棵樹是你之外的事物，這棵樹**就是**你。你以身、語、意產生的能量，永遠不會被消滅。以正念、慈悲及理解面對，你能確保自己和這個世界未來會有更美善的果報。

堅不可摧

我記得美國發生九一一事件後，有一段日子很緊張。當時我在加州，這個國家的痛苦、恐懼及憤怒非常激烈。生命似乎停頓了。當時我從加州飛往紐約，計畫在東岸演講並帶領禪修營。在飛機上，每一張臉孔都充滿恐懼和不信任。機長嘗試講個笑話讓大家放鬆一下，但沒人笑得出來。

按照行程，我將於九月二十五日在河濱教堂演講。前一晚，僧團的其他法師，包括許多年輕僧尼來看我。我跟他們說，這裡充滿了仇恨、恐懼和憤怒。雖然美國已經準備好懲罰作惡者，但是我主張不行動、冷靜、停下來，以及非暴力。他們擔心有人會因為憤怒在演講時襲擊或槍殺我，情況可能很危險。他們擔心我的安危。

我告訴他們，即使我在教導佛法或說出真理時被殺，我還是他們的老師。但如果我缺乏勇氣，不敢表達我的智慧和慈悲，即使我的肉身仍在，你們不會有一個好老師。

我們按照計畫舉辦了那次演講。很多人來參加，教堂的位子不夠容納所有人。經過兩個半小時的集體聆聽與正念呼吸，你可以在人們的臉上看到轉化，他們看起來比進入教堂前好多了。他們得到一些舒緩，減少了痛苦。你需要具備「無畏」這份禮物，才能布施給其他人。

兩種真理

佛教區分兩種真理：世俗諦（相對的真理）和勝義諦（究竟的真理）。在世俗諦層面，我們分別精神和物質、兒子和父親、人類和其他物種、活的和死的。但在勝義諦層面，這樣的分別是不可能的。勝義諦超越獨立存在的自我、獨立存在的物種，甚至是「生」和「死」的概念。勝義諦的層面並不存在死亡，只有延續。

勝義諦與世俗諦並不是分開的。當我們深入接觸到世俗諦，我們也接觸到勝義諦。所有這些概念可以應用在一朵雲。如果我們接觸到一朵雲的表相，就只能看到這朵雲存在或不存在，同時分別這朵雲和其他雲的不同。分別心只是接觸到這朵雲的表相，這是世俗諦。如果用正念和定深入觀察這朵雲，我們發現一朵雲並沒有生與死、存在和不存在，我們由此觸及了這朵雲的勝義諦。

這兩種真理並不矛盾。世俗諦可以實際運用於科技領域及日常生活。我們每個人都需要出生證明，才能申請身分證或護照；少了這些身分證明，我們無法去任何地方。我們不能說：「哎，我的本質是不生不滅，我不需要出生證明。」有人去世的時候，我們需要通知當局這個人過世的消息。我們不能說：「他永遠不會死，我不用宣告他死了。」

在佛教，當我們探究事實，會遵從一個原則——「性相別觀」。這如同古典科學和現代科學運用不同的研究方式：一旦進入量子物理的領域，運用古典科學會被視為落後。要以勝義諦突破所有的分別和錯誤見解，就必須放下一切的語言、概念及想法，藉以深入探究這個現象世界。這至關重要。

如果這是世俗諦，正念能幫助我們瞭解這是世俗的真理，不困於其中；如果這是勝義諦，正念幫助我們知道這是究竟的真理，同樣不被困住。由此，我們能夠自由。同時接納兩種真理是有可能的，我們不宣稱一個真理比另一個好，或是其中一個是唯一的真理。

直面你的恐懼

佛陀勸告我們深觀恐懼，直接面對它並且認識它。我們大部分人都害怕死亡、生病、年老、被遺棄。我們害怕失去珍惜的事物和所愛之人。很多人深深受苦，卻不知道自己在受苦。我們不斷忙碌、嘗試掩蓋痛苦，並不是想要忙碌，而是藉以逃避痛苦。我們需要盡己所能去認識痛苦，並學習照顧痛苦的方法。

我們不該嘗試逃離恐懼，而是花時間確認它、擁抱它，並深入觀看它的根源。在佛教，我們用一種禪觀——「五憶念」去面對並轉化內在的恐懼。以正念呼吸，吸氣、呼氣，漸深漸慢，讓我們在深觀時保持安穩：

一、我會衰老，我無法避免衰老。

二、我會生病，我無法避免生病。

三、我會死亡，我無法避免死亡。

四、我所珍愛的一切、我所愛的人都會改變。我無法避免要捨棄這一切。

五、我所繼承的，是自己身語意行為的結果。我的行為，就是我的延續。

人類文明的歷程就像人的生命，表面上它也有壽命，有一天會結束。已經有很多文明受到了破壞，我們的文明也不例外。我們知道，如果我們持續這樣破壞樹林、污染水源和空氣，將無法避免災難。有許多災害會發生，水災以及新的疾病將導致數百萬人死亡。

如果我們持續這樣生活下去，可以確定我們的文明有一天將會完結。只有覺知這項真理，人類才會有改變生活方式的**智慧**和**力量**。

我們必須學習接受，很多地球物種有可能滅絕，包括人類。既然人類曾經在地球出現，就有機會再次出現。我們向大地母親學習忍耐、無分別，以及無條件的愛。我們看到，地球能夠自我復原、自我轉化，療癒自己並療癒我們。這是事實，我們應該從地質學的角度看待時間，一百年不算什麼。當下如果能夠深觀，就能擁抱永恆。

出路在內

當你能夠面對真相並全然接受事實，就能突破並平靜安詳。真理是顯而易見的，但如果你持續抗拒真理，被恐懼、憤怒及絕望淹沒，你就無法平靜，無法得到利他時所需的自由和清明。如果我們所有人都驚慌失措，只會加快我們的文明死亡。

出路就在我們的內心。你需要回到自己，面對內在的深層恐懼，接納我們文明的無常。這項修習是**在當下**處理我們的恐懼和悲傷，我們的智慧和覺悟會從而產生慈悲和平靜，不然否認和絕望只會讓自己生病。如果能夠在面對事實時保持平靜，我們就有機會。

深觀當下，能夠看到未來。但一切**都是**無常的，人性**會**改變。首先我們要改變自己。如果我們盡好本分，便能平靜安詳。地球的未來不只是依賴一個人，但你需要盡己之責。這樣才能獲得平靜。

事實上，我們已經有足夠的科技方案。但如果我們被恐懼、憤怒、分裂及暴力控制，就無法善用它們。我們沒有把當前的挑戰視為首要解決的問題，沒有投入時間和資源，也沒有一起合作面對挑戰。強權仍投資了大量金錢生產武器，而非投資新能源。為什麼各國需要武器？因為他們害怕，敵對雙方都心存恐懼，所以我們需要轉化個人恐懼和集體恐懼。

這個問題是人的問題，我們需要從精神層面去處理。如果可以產生平靜、接納、慈愛及無畏的能量，就能有所貢獻，把無畏及團結帶給這個世界。科技並不足以解決問題。解決問題需要具備理解和慈悲，並且團結起來。

我們的靈性生活，念、定、慧的能量可以帶來平靜、安詳、包容和慈悲。少了這些，我不認為我們有機會。所以，請你在坐禪、行禪及禪修的過程中深觀，藉以獲得平靜安詳、包容和無畏的智慧。我們的平靜、力量和覺醒，能夠將我們團結在一起。每個人都能盡己所能，避免災難發生，為拯救地球而付出。

【獻嚴法師】

禪和捕蛇的藝術

《蛇喻經》說，運用佛法需要如捉蛇一般的善巧。如果用不當的方法捉蛇，牠會轉過身來咬你。同樣地，我們在這本書探索的深邃教導都需要善巧運用，包括兩種真理，以及深觀我們自己和文明的無常。

如果深觀自己生命的結束或文明的完結，會帶來絕望或麻木的無力感，就是運用深觀的方法出錯了。我們觀想的結果也許令人震驚，心裡想到這些可能性時，或許會引發抗拒、流眼淚、憤怒或沮喪。但究竟而言，這樣修習的目的是為了突破，對現實、對不同的可能性展開全新的視野，從而得到禪師所說的平和安詳。

每個晚上睡覺前念誦「五憶念」非常有用。我們可以默念，用數分鐘調和呼吸，訓練自己慢慢感受每一句話，每一句都是可以細細咀嚼的話：我會衰老，我會生病，我會死亡，我會和所愛的人分離……然後反觀：我有好好過好每一天，珍惜我擁有的一切及我愛的人嗎？我希望明天如何生活？什麼對我最重要？

我們探究了兩種真理表面上的矛盾。「五憶念」認為有死亡，而《金剛經》的四種教導卻說：生命超越時間和空間。深入佛法，我們知道，兩種真理同時發生，深入觀照世俗諦就能接觸到勝義諦，兩者是互通的。深觀相即以及我們世間行為（業）的能量，便能開闊視野，超越表相，接觸到勝義諦。如此修習，我們體會到自己**每個**身、語、意行為都會造成影響，我們所做的一切**都**有迴響，遠遠超過我們的想像。這讓我們更加關注自己的行動：我們所想、所說和所為都會**造成影響**。

深觀人類文明的終結並不容易，因為我們總是認為文明跟自己一樣，是獨立存在的個體，而不是無常的事物，與一切連結。觀想地球的冰河時期或地球高溫的恐龍時期，我們知道地球顯現過許多現象。可是我們如何接受人類會失敗？——**如果我們繼續朝這個方向走，毫無疑問我們會失敗**。當我們想改變某些事物時，要如何接受它？這個過程會令我們覺得自己是失敗者。我們拒絕接受失敗，拒絕屈從於看似負面的想法。在書中讀到這些情況是一回事，在內心深處真正接納這項嚴峻的事實、與它和平共處是另一回事。或許我們連嘗試的勇氣都沒有。

老師鼓勵我們勇敢嘗試。他說：「當你能夠面對真相並全然接受，你將有所突破且得到平靜安詳。」處於平靜的狀態，自由和清明會自然生起，從而得到改變現狀所需的力量。當平靜和接納在我們心中生起，**我們意識到沒有任何東西可以失去**，只會得到啟發，盡己所能給予支持和幫助。按照「業」的教導，我們此刻所想、所說和所做的，會令下一刻、這個傍晚、明天，甚至下一代有所改變。

在日常生活保持這麼深刻的洞見，是一種修習和訓練，特別是在迷失、失望或面對危機的時候。面對困難，我們的情緒變得強烈，特別需要理解和慈悲的能量支持我們及我們的行動。於是下一個問題是，我們如何產生我們需要的愛？如何給予而不至於身心透支？

你的深層需要

即使我們想幫助地球，為公義、人權及和平努力，我們也未必能貢獻什麼，因為我們還未滿足自己最深層的需要。我們最深層的需要不僅是食物、房子或伴侶。我看到很多人已經擁有這些，還是深深受苦。有些人富有，但痛苦；有些人有權、有名，卻持續受苦。我們需要的是超越物質的東西。

我們需要愛。我們需要理解。

我們可能覺得沒人理解我們。我們以為：「只要有**一個**人理解我，我就會感覺好一些。」但至今沒人真正瞭解我們的痛苦、困難和夢想。「理解」是我們最需要的，還有愛。

我們也需要安寧、內在深刻的平靜，沒有這些，我們會迷失。只有感到心安，才有足夠的清明和平靜看到前方的路。內在平靜是最基本的需求，少了這種平靜，我們無法為他人做任何事。

所有人都需要寧靜、理解和愛，但這些非常罕有，無法在超級市場買到，也無法上網找到。我們面對的問題是：「我自己要如何產生安寧、理解和愛的能量？」禪修便是答案，而且這個問題非常迫切。我們可以學習在任何情況**培養**安寧、理解和慈悲。

愛由觀察身心開始。我們的身體或內心多少都有一些痛苦和痛楚，因此隨時都需要愛。可能我們有身體或心靈的痛楚，或許這痛苦在那裡已經很久了，可能是由父母或祖先傳遞下來，或是我們這一生所累積。我們需要看到自己的痛苦，學習轉化，不再傳遞給下一代。

我們可以從自己的痛苦學到很多，而我們總能做些什麼把它轉化為喜悅、幸福和愛。有勇氣面對自己的痛苦，才能生起服務世界的清明和慈悲。

讓光照耀你的心

一位瑜伽士或修行者，是懂得處理恐懼和其他痛苦感受和情緒的藝術家。他們不會覺得自己是受害者，因為他們知道自己能有所作為。

你聆聽自己內在的痛苦，去接觸它。深深吸氣、呼氣，藉以瞭解：「為什麼我會受苦？它來自何處？」你的痛苦和恐懼，可能反映了你的父母、祖先和這個地球的痛苦，也包含你身處的時代、社群、社會和國家所受的痛苦。避免以音樂、電影或電子遊戲加以掩蓋，非常重要。有勇氣返回自己內在的家，辨識並擁抱內在的痛苦、深入觀察，這或許是作為禪修者的首要任務。

禪修者吸氣，說：「你好，我的恐懼、我的憤怒、我的絕望，我會好好照顧你。」你辨識到自己的感受，帶著愛和關心向它微笑，並且以正念擁抱恐懼的時候，它就開始改變。這是正念的奇蹟，就像清晨的陽光照耀一朵蓮花。花苞還沒盛放，但因為有陽光照耀，光滲入花苞之內，一、兩個小時後，花兒便自然盛放。

我們有來自正念步行、坐禪或呼吸所產生的正念能量。有了這股能量，我們擁抱自己的恐懼，如陽光溫柔地擁抱花朵。兩種能量相遇就會產生改變和轉化。溫柔的能量滲入恐懼、憤怒或絕望，你深深地抱著它，有如擁抱一個受傷的小孩。

如果情緒變得強烈，你感覺它將要爆發。處理的方法就是把自己安頓在一個安穩的姿勢，以吸氣和呼氣讓自己更穩固，情緒就無法把你吹倒。躺下或坐著，把意識放在丹田——在肚臍之下約一吋的位置，也可以把雙手放在這個位置，百分百地覺知入息和出息、腹部的升降，就能夠停止妄念。這時停止思緒很重要，因為想得愈多，絕望和恐懼會更有力量把你帶走。不要害怕。情緒波動如同一場風暴，過一陣子就會離開。你可以吸氣，數到六、七或八秒，甚至十秒，然後呼氣十秒、十二秒、十五秒，甚至更久，期間沒有胡思亂想。你將感到放鬆自在。

禪在風暴中

一九七六年，我與同僚和朋友參與佛教的和平運動。我們組織救援工作，拯救逃離越南的難民。在新加坡，我們偷偷租了三艘大船，救援漂流在公海的船民，把他們帶到其他國家尋求庇護。當時，政府讓難民在海上自生自滅，有時甚至把小船推回大海。我們沒有選擇，只有違法才能拯救船民。在一次任務中，我們在暹羅灣救了近八百人，但馬來西亞政府拒絕我們的船隻進入馬來西亞水域。那些日子，我們修習坐禪、行禪和靜默進食，保持安定。我們知道，缺乏自律，我們的工作將會失敗。很多人的生命仰賴我們的正念修習。

有一次，我們設法把難民安全帶到一個願意接納難民的國家的水域，行動卻曝光了。新加坡警察清晨兩點來到我們的住所，沒收我的旅行證件，命令我們在二十四小時內離境。當時還有數百人在船上，尚未抵達安全水域，而且沒有足夠的飲水和食物。他們的生命仰仗於我們。當時吹著強風，海面海濤洶湧，其中一艘船的引擎不巧故障。我們可以怎麼做？

這是非常嚴峻的情況，我需要深呼吸。我只能再停留二十四小時，問題不可能在這段時間內解決。我知道我需要修習一句話：「求安得安。」你必須對它有足夠的**渴望**。我明白，如果我當時無法平靜下來，我將**永遠無法**平靜。平靜可在危險之中尋得。我永遠無法忘記那個晚上，我禪坐的每一秒、我的每個呼吸和正念步伐。

大約在清晨四點，我終於得到啟發：我們可以求助於法國領事，他一直默默支持我們。我們可以懇請他援助，要求新加坡當權者容許我們多居留十天。十天足夠安排難民抵達安全之處。法國領事同意了，在最後一分鐘，移民署批准我們延長居留時間。如果我們沒有禪修，沒有辦法以正念呼吸、行禪，很容易被痛苦淹沒，無法前行。我們後來終於可以提供難民飲用水和食物。儘管還需數月才能上岸，待在難民營數年才有機會申請到庇護，至少他們的生命保住了。

無淤泥，無蓮花

痛苦和幸福之間有著密切的關聯，就像淤泥與蓮花的關係。當你用一些時間聆聽自己的痛苦，深入觀察它的本質，理解就會出現；當理解出現，慈悲誕生，我們稱之為「慈悲的機制」。你善用了痛苦，把它轉化成正面的事物——慈悲。就像你用淤泥種植蓮花：沒有淤泥，就沒有蓮花。同樣地，沒有痛苦就沒有幸福，沒有慈悲。

關於痛苦，我們傾向兩個錯誤的想法。一是，我們受苦時，**只有**苦，整個人生都是苦難和悲慘。第二個想法是，唯有去除**所有**的痛苦，我們**才能**幸福。這種想法也是錯的。生活中可能有很多事情都不盡如人意，但**同時**也有許多幸福的情境。譬如，享受坐禪並不意謂你要完全清空痛苦。我們每個人都有一些痛苦，但我們懂得處理痛苦的藝術。

不要以為只有百分百消除不幸，才能幸福快樂，這是不可能的。你或許以為，成佛了就不需要再修行，因為佛是覺者，有智慧、喜樂和幸福。但覺悟、智慧和幸福都是無常的。如果佛想長養這些特質，就必須持續修習善用苦，如同蓮花要保持盛開，就要處於滋養它的淤泥中。同樣地，接觸我們的痛苦、擁抱它並轉化它，可以產生覺悟、智慧和慈悲。

曾經有一名弟子問師父：「我該去哪裡尋找涅槃？」禪師回答：「在輪迴之中！」

我們要善用痛苦，包括我們的恐懼、絕望、焦慮，去創造幸福。我們的修習就是善用痛苦來創造幸福，沒有此，就沒有彼。痛苦和幸福同在。我們需要找到面對痛苦的方法，把它轉化為幸福和慈悲，正如我們在哪裡跌倒就從哪裡站起來。

如何在一切看來很糟的時候，看到好的一面？這很難。但是我相信，如果我們有足夠的時間，就能看到好的一面。如果你還未看到，是因為你還沒花時間深入觀照。禪修就是用足夠的時間安坐並深觀、進而理解的修習。

一九六六年，我離開越南到國外呼籲和平時，我計畫離開三個月就回家。我的所有朋友都在越南，我的工作也在那裡；所有我想做的事情、每一位我想在一起的人，都在越南。但我因為勇於呼籲和平而被流放，那是非常艱難的時刻。當時我已經四十歲了，有很多學生，但我還未找到真正的家。在知識層面，我長久以來研習佛法，能夠善巧地教導禪修，但我還沒有真正的「到達」。在內心深處，我想回家。我怎麼會想留在歐洲和美國？白天我非常忙碌，忙著演講、出席記者會、接受訪問。晚間，我會看到自己回家了。我夢見自己爬上美麗翠綠的山丘，上頭還有漂亮的小茅屋。我總是夢見同樣的山丘，總是爬到半山腰時醒來，想起自己流亡在外。我嘗試訓練自己看到歐洲的美，樹木、河流、天空都很美，白天可以做到，但是夜晚我總是夢見回家。

數年後某一天，我察覺這樣的夢境結束了。時間流逝，深入我心的悲傷和期待已被定和慧所擁抱。回家的願望仍在，但我不再受苦。最後，這個時刻來到：我覺得即使這一生無法回家，也是可以的。這是徹底的解脫，不再有遺憾。我體會到，在越南就是在這裡，在這裡就是在越南。一切相連。如果我可以深刻地生活在此地，同時也是深刻地生活在那邊。這樣的洞見需要超過三十年才顯現。有些事情可以很快轉化，有些事情需要更多的耐心，但解脫是可能的，只要我們認識解脫之道。只要看見「道」，已經能減少痛苦。

越南戰爭是很糟糕的，被流放三十年也很糟糕，但因為這樣，我能夠在西方分享正念的修習；正因如此，我們能在法國西南部建立梅村修習中心、在歐洲和美國建立其他修習中心。如果我們用足夠的時間深入觀察，我們便會明白，所謂「壞」的事情，也可以產生「好」事，正如培育蓮花的淤泥。我們知道，淤泥是產生蓮花的關鍵；我們也知道，太多淤泥會傷害蓮花。每個人都需要一些痛苦讓自己成長，分量剛好，足以讓自己學習。我們已經有足夠的痛苦，不需要製造更多。禪的修習是讓我們深觀，藉以辨識到痛苦的存在並嘗試理解它。當我們理解到痛苦的根源，轉化和療癒之道會自然顯現。

【獻嚴法師】

見證正念呼吸的力量

如果我們只看見淤泥而看不見蓮花，會是怎樣？有一天，與老師喝茶時，我提出這個問題。那時，我看到的全是淤泥。「那你需要更深入觀看，蓮花**就在**那裡。」老師回答，微笑著，似是很理解我。我感到有點挫折，但過了一段時間，我明白到，只有我們自己能從自己的淤泥看到蓮花，沒人能幫到我們。

首先，我需要訓練自己呼吸的方式，這聽起來很單純，卻是非常有效的修習。我初到梅村時，學了正念腹式呼吸。我記得老師談及他仍清晰記得在新加坡的那個晚上，他的每一個呼吸、每一個腳步。我訓練自己正念呼吸，萬一有一天處於困境，我希望能像老師那樣呼吸。後來在我剃度不久，聽到有人說起修習「十次呼吸而沒有生起念頭」所體驗到的力量。他們說，這項簡單的修習改變了他們的生命。修習的訣竅是，發現自己在數呼吸時有念頭生起，就重新從零開始。「聽起來很簡單。」我這樣認為。我們每天坐禪兩次、行禪一小時、三餐靜默進食——我確定自己做得到。

我嘗試修習，但很快就發現那遠比想像的困難。我用了兩個月訓練自己連續十次呼吸都沒有念頭。在這個過程中，我深深受到吸引，包含身體內在呼吸的運行，以及將全副注意力從頭腦轉到呼吸的體驗。我的呼吸是否均勻？是淺是深？是長是短？是不規則，還是有節奏？我的身體體驗到什麼起伏、溫度或疼痛？神經科學家稱這樣的覺知是「內感受」；在佛教，這種禪修稱為「於身中觀身」。

我開始訓練自己將這項修習運用在日常生活的困難時刻。面對事情出錯、感到受傷，或是看似無法解決的困境，我學習退一步保持距離，修習數次正念呼吸，完全覺知每個呼吸的整個體驗。這項修習給予我安全的基礎去面對痛苦，也給予我空間做更好的回應。有時候，這樣的修習顯得比較難。我告訴自己，如果我真的覺得很難停下來呼吸，如果我真的無法退一步並停下來，這是因為我的祖先、我身處的社會，以及我的習氣覺得這麼做有困難。我與所有這些因素同在。有時，我對自己說：「『止』

必是英雄的行動！」這種思維方式給予我額外的決心繼續嘗試。當我能夠在那些時候停下來呼吸，每一次都像是一次勝利、一個轉折、一個新的開始。

我清楚記得有個夜晚在寺院裡，一股排山倒海的絕望慣性反應在毫無預警下被觸發，我的思緒混亂，淚流不止。行禪完全沒用。風暴中，有個內在聲音從內心深處冒出來：「如果**你**連十個正念呼吸都做不到，你如何知道該怎麼做！」因此我修習十個呼吸，我經常練習，我認為最多幾分鐘就能做到。

我躺下來，手擱在腹部，把注意力放到呼吸上。當時所需的正念力量不是要拴好一隻野馬，而是百隻野馬。我用手指數著呼吸，一次又一次從零開始。最後，我的堅持讓我做到十次連續呼吸而沒有思緒。我汗流浹背，坐起來，放鬆，體驗到真正的存在。這段練習用了幾乎一個小時。我接著出現一個念頭：「好，是有個難題要解決。那個難題是什麼？」令我驚訝的是，我所有的認知都改變了。我看到的情況和感受都不同了，很多可能的解決方案歷歷在前，一如白晝般清晰，我很驚訝。這是我首次發現，有時候呼吸比腦袋更值得信賴。

我和許多人一樣，讀書時沒有學到如何處理強烈或嚇人的情緒。我成長的社會提供複雜又令人上癮的方法來管理及掩蓋痛苦。螢幕給我們幾千個不同的世界逃避。我們之中有些人甚至找到方法，把自己的痛苦投射到外在的世界，嘗試在自己之外解決問題，但那也不是解決問題的方法。

我們的挑戰是要積極訓練自己返回內在，陪伴內在升起的痛苦感受。恐懼、絕望、悲傷和焦慮會被內在和外在的各種原因觸發，包括生活的環境、制度，以及我們目睹在全世界發生的不公義、不平等或破壞。有些新的詞語出現，幫助我們看到自己為地球生起的傷痛和恐懼，包括生態悲痛（ecological grief）、氣候焦慮（climate anxiety）、優越愧疚（apex guilt），以及在鄉鄉愁（solastalgia）——這些都是我們失去或破壞所愛的大自然而感到的悲傷。

作為禪修者，我們首要的任務是照顧在身心顯現的感受。信任正念呼吸，能讓我們安穩地體驗傷悲和痛苦。入息和出息的流動猶如地震儀，清晰量度了我們的感受。無論我們的呼吸是長或短、粗糙或柔和、規律或不穩定，都反映了內心的感受。因此，百分之百與自己的呼吸同在，是在本質上擁抱痛苦的感受，超越想法、言語和敘事。皈依自己的呼吸，允許感受升起，停留一會、變化，然後消逝。我們不去忽略它或嘗試用方法轉變它，正念的能量讓我們柔和、慈悲，並且對自己的悲痛和哀傷帶來的訊息保持好奇。安住當下，平靜地擁抱身體的感受，慈悲、清明和勇氣會逐漸升起，讓我們瞭解可以做什麼，以及如何回應。自從那一晚在寺院首次以正念呼吸經歷劇烈的絕望感受，我認識到，永遠不要低估正念呼吸的力量。

在社會上，有些人無法呼吸。作為禪修者，我們需要察覺這個事實。有些人無法呼吸是因為生病了，有些人是因為空氣受到污染，還有些人，他們的呼吸被系統性種族歧視的暴力給切斷，這對人類和地球來說都是痛苦的巨大來源。我們如何對待彼此和我們如何對待地球，有著深刻的關聯。

種族公義和環境公義是一體的。在地球上，最不用對氣候變化和環境惡化負責的群體，反而受害最深，完全不成比例。我們互相傷害和剝削，與我們傷害和剝削地球之間，有著深刻的關聯。無論是不公義、不平等或種族主義的受害者，還是在系統中享受利益的白人，都應該受到召喚、深入觀照，作為禪修的一部分。在坐禪或行禪時，我們的任務是見證痛苦、接觸慈悲，並積極探索如何提供療癒，做出改變。

一劑苦瓜

願以修行轉化自己和世界的痛苦，稱為「菩提心」。有時這個詞也翻譯為「初心」或「慈心」。這是我們修行道路上巨大的能量來源，滋養你，給予你所需的力量去克服你面對的困難。我很幸福，能夠長久保持菩提心。這不是因為我沒有遇到障礙，事實是我碰到許多障礙，但我從來沒有放棄，因為菩提心的力量非常強大。你必須知道，只要初心仍在、能發揮力量，你就無須擔心。你能夠用一生服務世界。你能夠幸福，也會為其他人帶來幸福。

在亞洲有「苦瓜」這種蔬菜。「苦」也意指「苦難」。不習慣吃苦瓜的人真的很難入口，因為很苦。但是就中醫而言，良藥苦口。苦瓜令人感到清新、清涼。味苦但美味，對身體有益。

我們傾向避開苦，逃離痛苦，因為我們沒有察覺到痛苦的益處，以及痛苦的療癒本質。我們之中有些人修習坐禪，藉以逃離痛苦。坐禪讓我們安靜、放鬆，幫助我們把困難和紛爭拋諸腦後，因而感到一些平靜和快樂，但這不是禪修的目的。

臨濟禪師曾呵斥弟子：「不要這樣坐著！不要像兔子一樣躲在洞穴裡！」坐禪不是為了逃避痛苦。

禪修讓我們靜止、放鬆，從而生出念、定、慧。培養放下的能力，拋開日常的擔憂、不安和渴求，自然生出喜樂和幸福。放下是第一步。

即使如此，腦海中也許還有很多絮語在喋喋不休。你需要停止腦中的話語，才能培養靜默，享受平靜和幸福。你坐在那裡，享受呼吸，享受靜默和內在安寧。

即使這樣也不夠，你需要深入。很多人在表面上看似平靜，底下卻是波濤洶湧。禪坐是運用定和慧深入內心，轉化在意識深處的痛楚、恐懼和焦慮。

這些痛苦，也許是幼時的痛苦，也許是父母、祖父母未能處理的痛苦，進而傳遞給你。即使你對自己的痛苦只有模糊的感受，你必須練習去接觸它，以智慧辨識。這就像是吃苦瓜，你不害怕苦味，因為你知道苦瓜對你有益。

當痛苦升起時，不要嘗試逃走，而是採取另一種態度。這是我的忠告：面對痛苦，請歡迎它，無論是憤怒或沮喪，或是想要卻得不到的狀況。準備好向它打個招呼，溫柔地擁抱它，與它同在。你將發現，就像我經歷的一樣，當你接受它並歡迎它，它就不再困擾你了。就像吃苦瓜一樣，它正在療癒你。如果你不接受痛苦，不溫柔地擁抱它，你不會知道它到底是什麼。允許自己受一點苦，痛苦可以教導我們。當我們理解了痛苦，它會帶來喜樂和幸福，就像很多孩子一開始不喜歡吃苦瓜，長大之後卻很愛喝苦瓜湯。

最困難的情況是，你知道痛苦存在卻無法辨認，因為它太模糊了。你的內心確實有苦，很真實，但無從分辨。因為我們的意識有些堵塞，有些抗拒。每一次要碰觸到苦時，你就避開。這種狀況可能持續多時，因此你還沒有機會清楚地辨認。你必須下定決心停止，每當痛苦升起，就歡迎它，帶著正念的能量安住於當下。帶著警覺，你就能辨認出來。

禪修是安住在當下此刻。不需要到哪裡，或是回到過去或童年去接觸痛苦和它的源頭。你只是停留在當下，觀察。

收復自主權

臨濟禪師認為，我們必須成為自己的主人，而不是外境的受害者。我們必須保持自主，即使周遭的事物非我們所願。掌握情況、善用不同的情境成為覺醒的條件，是我們的責任。無論你在何處，都可以成為自己的主人。積極活躍的人常問：「我可以做什麼？我們可以一起做些什麼防止情況惡化，改善現狀？我可以如何幫助對方或其他人改變？」

讓慈心升起，發願幫助，我們就不再被動，不再是受害者，我們再次積極起來。菩提心賦予我們能量，以及積極參與、做出改變的意願，這非常重要。即使還未做任何事，這樣的洞見和希望改變的意願，已經能將痛苦減少百分之八十至九十。

如果我們仔細觀看，便能看到在這個世界上，沒有人不曾是困境的受害者。社會充滿歧視、暴力、不公平、仇恨、渴求和貪婪，人們被這些事物淹沒，導致相互傷害，也令其他物種和地球受苦。所以，我們不能說有誰不是某些事情的受害者。我們要記得，自己也有歧視、憤怒、貪婪、暴力和不善巧的種子。當你能夠轉化自己，就能轉化你認為是迫害者、令你受苦的人事物。這是我自己的經歷和修習。我沒有敵人，即使我經歷很多苦難和不公義。有人曾想殺害我、壓迫我，但我沒有視他們為敵人。我想幫助他們。我已經改變並轉化自己，也不再把自己視為受害者。

當我們憤怒時，憤怒從意識深處升起，而我們的心告訴自己，我們受苦是因為那個人或那個情景。但只要修習正念呼吸，看見自己的憤怒並擁抱它，我們的心就開始收復它的自主權並宣告：「我不想成為憤怒的受害者。我要成為自己。我想開始改變。」這樣一來，正念呼吸就成為收復自主權、培養自由意志的修習。

有了理解、智慧和慈悲，你便自由了，還可以幫助他人變得自由。如此修習，你可以轉化你的心，成為一位菩薩。你會幫助那些歧視你、壓迫你或想殺害你的人。

每一次跌倒就是站起來的機會，這是一個積極人的心態：**每一次跌倒，我會重新站起來，讓生命更美好。**即便有許多阻礙和挑戰，我們不允許自己被推倒，我們像英雄般站立。具備這樣的意向，多大的痛苦都會自然消逝。

菩薩為伴

菩薩是覺悟的眾生。任何具有幸福、正念、安寧、理解和慈愛的人，都能成為菩薩。菩薩具有幫助他人的大願，這個大願是能量和活力的巨大來源。

菩薩不只是人。一頭鹿、一隻猴子、一棵芒果樹或一顆石頭都能稱作菩薩，因為它們獻給這個世界清新、美麗和庇護。菩薩不在雲中，不是金屬雕像或是祭壇的木雕，他們就在我們周遭。前院的松樹可以是奉上平靜、氧氣和喜樂的菩薩。《金剛經》提醒我們，如果我們執著「人相」，就看不見周遭眾多的佛和菩薩。

在佛教中，我們視地球為菩薩，是真正的大菩薩，我們稱之為清涼地菩薩——清涼的菩薩，偉大的大地。我們的星球是所有菩薩之中最美麗的。她具有堅忍、安穩、創意和無分別的特質；她擁抱、支持每一人、每一物。這不是說大地之內住著一個靈魂，或是有個靈魂在地球之內或背後。我們不要執著於這樣的想法，認為有「靈魂」棲於「物質」之內。大地不能以「物質」或「靈性」這樣的詞彙去描述。地球超越這兩個類別。大地不是沒有認知，沒有感覺。如果只是物質，怎能做到大地顯現的奇蹟？

大地不是人類，但孕育人類，包括具有大悲大智的賢聖。大地是諸佛菩薩、聖者和先知的母親。

大地是庇護我們的菩薩，不僅在我們之外，也在我們之內。我們不用等到死去才回到大地，我們已經在大地之內。無論是行走或坐下，我們和大地一起呼吸，學著允許大地在我們之內、在我們周遭。大地有療癒自己和療癒我們的力量，我們可以信任她的力量。這分信任並非盲信；不是有人要你去相信，而是來自你自己的觀察和體驗。每一次受苦，每一次覺得迷失和疏離，都可以藉由接觸大地復原。連結到我們之內的大地，療癒便開始了；復原就有可能。

我們不需要到什麼地方去尋找菩薩。不需要乘搭飛機或旅行到某一處，甚至不需要到中國參拜四大佛教名山。臨濟禪師說，在你所在之處就可以接觸到菩薩；他們每個時刻都在這裡，在我們心裡。為什麼要向外求呢？

在佛教傳統中，文殊菩薩是大智菩薩。我們的內在也有理解、智慧的種子；普賢菩薩是大行菩薩，我們同樣有行動的種子；觀音菩薩是大悲菩薩，我們也有慈悲的種子。只要灌溉心識內的這些種子，就能在當下接觸到菩薩。我們尋找的既在內也在外，但也不在內、不在外。在什麼之內？在什麼之外？按照《金剛經》的辯證法：「A不是A，因而能夠真正被稱為A。」菩薩不是菩薩，因而能夠真正被稱為菩薩，因為菩薩是由非菩薩的元素構成。

菩薩是眾生，具備理解、慈悲、行動及崇敬等特質，你同樣具備這些特質。你無須他人來確認，你自己知曉。修習和訓練是為了保持這些內在特質的鮮活。當我們困於絕望，譬如對人或情況產生怨恨，我們明白這是因為我們還缺乏理解。當我們深入觀照，內在的理解種子升起，光明來臨，便不再黑暗。這是由於大智文殊菩薩真正存在於你之內。

成為菩薩是可能的。菩薩不是生命中沒有困苦的人。困難時刻會來臨，但菩薩並不害怕，因為他們懂得如何處理。我們每個人都需要找到自己的明燈、自己的光，並且把它獻給世界。正念就是一種光、一種能量，幫助我們認識到自己在哪裡，正在發生什麼事，同時幫助我們清楚瞭解應該做什麼或不做什麼，以達到平靜、慈悲和幸福。我們知道，現今是生活在這個美麗星球的重要時刻。具備正念之光，我們成為了菩薩，足以給予世界光亮。你讓覺醒之光照耀四周，以菩薩之眼視眾生，以菩薩之手行動。

如果我們能夠這樣做，就不會對世界的局勢悲觀。有大願的菩薩不會感到絕望，還能以和平與自由採取行動。

入世行動

一九六〇年代越南戰爭如火如荼的時期，我們創造了這個新詞——「入世佛教」。當時我們修習坐禪、行禪，也聽到外面炸彈投下的爆炸聲和傷者的喊叫聲。禪修是要覺察正在發生什麼事，並瞭解是什麼導致悲苦以及對生命的傷害。

一旦知道發生什麼事，你受到一個欲望推動，想為自己和周遭的人**做**一些事，以舒緩痛苦。當時我們找到方法，**一邊**幫助被炸彈傷及的人，**一邊**修習正念呼吸和行禪。如果你在服務過程中不保持靈性修習，你會迷失且身心透支。我們學習透過呼吸和步行來釋放緊張，讓我們繼續服務。這是「入世佛教」的源起，它誕生於艱苦的年代，我們希望同時保持我們的修習並回應苦難。在這樣的情況下，你以正念所做的**一切**，無論是社會行動、喝茶、禪坐或是做早餐，你不只是為自己而做，也是在保護自己，以幫助這個世界。

這是菩薩的看法：禪修不僅為自己也為世界減少痛苦。當別人受的苦減少，你的苦也會減少；當你受的苦減少，他們的苦也跟著減少，這是相即。在自他之間沒有隔閡。你不是為自己存在，你也為他人存在。你的安寧、自在和喜樂能夠利益他人。當你以正念呼吸或正念步行產生喜樂和輕安，這就是獻給世界的禮物。在家裡、團體、城市或社會點燃正念的能量，就是入世行動。慈悲和平靜從你的內在散發出來。

看看庭院的那棵樹，每棵樹都必須是真正的樹：安穩、寧靜、清新。如果這是一棵健康美麗的樹，每個人都會受益。如果這棵樹不是真正的樹，我們都會有麻煩。因此，如果懂得成為一個健康、快樂和慈悲的人，就是利益這個世界。無論我們在哪裡，都能有所貢獻。所以，不存在選擇幫助別人還是幫助自己的問題。康僧會大師說：「阿羅漢是菩薩，菩薩是阿羅漢。」意思是，覺悟的人就是菩薩。自他之間不再有分別，沒有人為的界限。這需要從你開始。你不必等十年或二十年，才成為有能力利益、影響他人的人；當下你就可以幫助許多人。

我們知道有所謂「究竟層面」，在那個境界，你無須做任何事。安住於究竟層面非常美好，我們都應該學習如何做到。此外，你也有歷史層面，有痛苦、不公義、不平等、剝削等。問題是，當我們在歷史層面受苦時，我們如何接觸到究竟層面，好停止源自恐懼、絕望和寂寞的悲苦？我們如何把究竟層面帶到歷史層面？

我建議，我們需要另一層面——行動層面。行動層面是菩薩的國度，是幫助我們把究竟層面帶到歷史層面的力量，我們因此能夠捨離恐懼、壓力和絕望，在放鬆和喜樂中活出積極行動的生命。我們每個人都應該是菩薩，把究竟層面帶到當下此刻，在當下「到達」，停止追逐，才能感到放鬆和喜樂，才能帶給地球上的人類與其他物種安寧和幸福。

第二部分

行動層面
嶄新的生活方式

true
love
heals

在我們印象中，覺悟的人是一個自由、具有精神力量的人，他不是周遭環境的受害者。覺悟的人清楚瞭解自己、知道自己是誰，而且對事實真相具有清晰的理解，包括對自己的本性和社會現實。這樣的理解是禪給予我們最珍貴的禮物。

覺者的生活方式，是禪對世界最根本的貢獻。禪是生動活潑的傳統，幫助人們培養理解和智慧，以健康、平衡的方式生活。源自禪智慧的生活之道和思維，具備活力、安穩及祥和的品質。

我們能否培養這些自在從容的品質，關鍵在於覺醒。這個世界不需要另一套意識形態和學說，而是需要能夠恢復我們精神力量的覺醒。有了真正的覺醒，我們能夠看清身處的情況，並從我們創建的社會和經濟體制回復人類的自主。解決方法是以嶄新的生活方式，恢復我們的自主和人性的美善。

覺醒行動

行動必須奠基於存在的品質。如果你不具備足夠的平和、理解和包容，或是受到憤怒和焦慮的牽制，你的行動不會有很大的價值。行動的素質在於存在的素質。在禪宗，我們談到「無行而行」。有些人看似沒有做很多事，但他們的存在對世界的安寧非常關鍵；有些人一直嘗試做很多事，但是做得愈多，對社會造成愈多麻煩，因為他們內心並不安寧。有時候，你沒做任何事，但實際上你做了很多；有時做了很多，卻沒有完成任何事，因為你所做之事沒有益處。有些人常常禪坐，但他們的憤怒和妒嫉並沒有轉化。

在歷史層面，沒錯，我們需要做很多事，採取很多行動去拯救、保育、療癒、和解。但在究竟層面，你放鬆、快樂地去做每件事，完全沒有憂慮。這是「無行而行」的意思。你非常積極，但你也很放鬆，彷彿沒有在做任何事。你享受每個時刻，因為你的行動建立於「無行」，不需要力爭或匆忙。

如此行動，我們的行為便成為慈愛、關懷及覺醒的真正表現。我們行動，不是因為**我們**想採取行動。如果我們覺醒了，**行動會自然而然地引領我們**，我們無法避免。

在禪修傳統，我們說到一個理想的目標——做個「無事人」，那是一個自由自在、不再需要奮鬥或追尋的人，越南文是 người vô sự。一個自由、不受任何事捆綁的人，會非常積極地幫助這個世界，幫助人們減少痛苦，但從不被周遭環境或他們所做的工作牽引——不會因為理想或計畫迷失自己，這非常重要。我們做任何事，不應為了讚賞、名望或金錢利益，也不該為了逃避一些事物。我們應該為愛而行動。

當我們為了愛而行動，我們能感受到行動給予的幸福。如果**不是**帶著愛去做事，我們會受苦，「為什麼要我來做這些事?別人為什麼不幫忙?」重要的是，不在行動中迷失自己。我們在每種情況下保持自主、自在，我們是自由的。

禪者、藝術家和勇士

每個人內在都有一位禪者、瑜伽士。這是想要禪修和修習的願望，藉以成為一個更美好的人，能夠發揮潛能，能夠覺悟。我們內在的禪者帶給我們明晰、平靜、深邃的洞見。這是我們本具的佛性。我們或許想成為更好的人，但很多時候我們不修習、不訓練自己，不是我們不想這麼做，而是尚未建立適合的條件。

我們的內在都有一位藝術家。這位藝術家很重要，能賦予我們清新、喜悅、有意義的生活。你需要讓內在的藝術家發揮創意，才能不斷感受或享受正念修習的滋養。我們很多人無法忍受單調。如果某些東西擁有太多，就想換別的東西，即便我們知道它是好的。這是自然的傾向。

你也許會問：「我們如何持續走在自己想走的道路上，並一直走到最後？」當然，你需要耐性。但你還需要其他東西：那條道路應該帶來幸福、滋養和療癒。因此，我們需要找到方法，每天**生起**喜悅。

我們安排日常生活的方式，應該避免重複，如此每一刻都是**嶄新**的時刻。我們必須找到有創意的方法，讓自己的菩提心、初心保持新鮮，得到滋養。

無論是以正念進食、駕駛、禪行或禪坐，都應該創造新的方法去實踐，這樣呼吸、行走及安坐能持續帶來喜悅、安穩及平和。從表面上看沒有任何改變，但是走路的你是一個嶄新的人，坐的方式也不一樣了，你在**成長和進步**。我告訴你，我從來不覺得行禪沉悶。當我行走時，每一步都是愉快的，不是因為我很精進或是自律，而是我允許內在的藝術家運作，讓我的修習新鮮、有趣，帶來滋養和療癒。

如果你有創意，正念修習可以**一直**帶來療癒和滋養。修習時，我們不該像機械一般，而是做一個活生生的人。不論是行走、進食或過日常，只要產生瞬間的正念就夠了。百分之一的成功已經很好，因為這百分之一是其他百分之一的基礎。

我們每個人內在還有一位勇士。勇士意志堅定，勇往直前。你拒絕放棄，你想要勝利。作為修習者，你要允許內在的勇士活躍積極。你不想成為任何事物的受害人，你努力更新你的禪修練習，不讓任何事一成不變。由此，禪者與勇士同在。我們不應害怕路途上的阻礙。事實上，很多事情會阻擾你。但如果你的菩提心強大、內在的勇士有力量，便能克服這些障礙，而每次你克服了它們，你的菩提心會更強大。因此，阻礙不是真正的阻礙，它們是智慧和志向的加速器。

禪者、藝術家和勇士不是三個獨立的人，而是你的三個不同面向。你應該讓這三個面向同時保持活躍，以得到平衡。我們需要讓它們保持活躍，確保不會有任何一方死去或弱化。如果你是一位社會運動參與者、政治領袖或所屬社區的領袖，你必須懂得培養內在這三個層面，這樣便能為周遭的人帶來平衡、安穩、力量和清新。

【獻嚴法師】

行動中的愛

真空法師（Sister Chân Không）是老師最資深的弟子，是梅村團體的明燈，自從她於一九六〇年代成為老師的助手，就成為入世佛教的先驅和真正的菩薩。「Sister True Emptiness」這個稱呼為人所知，兒童則稱呼她為「赤腳法師」（越南文 Chân Không 的另一個意思是赤腳）。她的一生見證了療癒、守護和救助的慈悲力量。早在青少年時期，在真空法師遇到老師、輔佐他展開社會工作之前，她就在越南西貢的貧民區創立了幫助貧窮孩子的計畫。她的靈性修習支持她在槍林彈雨下進行救援行動，在一九六八年的大屠殺之後，帶領團隊掩埋屍體。在戰爭的環境下，她完成生物學博士學位，並加入佛教和平代表團，參與在巴黎舉辦的和平對話。真空法師協助老師召開最早的環境保護科學會議。一九八〇年代初，她協助老師找到法國鄉下的一處廢棄農場（梅村現址），老師因此在那裡建立了修習正念的團體。

我在梅村首次遇到真空法師時，我二十一歲，參加她帶領的深度放鬆和「接觸大地」活動。這是非常有力量的修習，結合了全身跪拜的動作，深入觀照自己與祖先和大地的相互依存。當時，我在一所很好的大學就讀，也讀了很多書，但那個夏天和真空法師及其他比丘尼一起相處，我才首次遇到鮮活的智慧和睿智的女性。那時真空法師六十多歲，有著閃閃發亮的眼睛，以及長保微笑、煥發光彩的臉龐。作為年輕人，我們或許都希望一生中能遇見真空法師這樣的人。我從來沒有想過會有機會陪伴她、協助她，以她為學習的榜樣。

我清楚記得，我剃度不久便和僧團造訪比利時布魯塞爾的歐洲議會。那次真空法師發言時，談及老師在越南的弟子的安全問題和宗教自由。老師派我們幾個法師前往支援並協助。我的任務是安排會議和媒體訪問、撰寫簡報內容，以及聯絡人權組織。我們的「行動之劍」是筆電和手機。我們住在城市中心的藏傳小寺院。真空法師愉快地為團隊煮食，堅持在飯後一起唱誦。第二天早上，我們參加寺院的禪坐共修之後，準備步行前往議會。她在門口叫住我們，教我們如何在靜默中正念步行。每一步，跟隨自己的呼吸，在心中接觸和平與慈悲，邀請心靈的祖先一起同行。

真空法師與負責外交政策、人權和宗教自由的多位代表會面，向我展示何謂行動中的愛。真空法師明白，我們成功與否，仰賴的並非文件準備得多好或是獲得什麼樣的政治支持，而是在於我們能否觸動每個遇見的人的心和慈悲。她知道，如果我們能在每個人面前喚醒他們對真相的認知，他們會曉得如何幫忙。真空法師的慈愛和超凡魅力，甚至贏得強硬官僚的心。有時她微笑，有時她哭泣，有時又哭又笑。她明白她發聲，是為了捍衛下一代入世佛教徒的權益，讓他們在亞洲運作下去並延續老師的教導。真空法師的行動是由愛所推動，因此也引發別人的愛。那些面談情景至今仍在我內心迴盪。

我們的行程緊湊：從布魯塞爾啟程到斯特拉斯堡、日內瓦和巴黎。我記得我們在歐洲議會附近的漂亮咖啡店休息了一會。真空法師徑直繞過餐桌，走到窗台躺了下來。她閉著眼睛，把手放在腹部，修習正念呼吸和深度放鬆。年輕服務生微笑著，有點驚訝，然後尊敬地點點頭說：「當然可以。這位女士，請便。」

真空法師具備自由的精神和充沛的精力，她完全懂得如何平衡禪修者的靜慮、平和、安寧，以及藝術家的創意、勇士的力量和耐力。她那敏銳的頭腦清晰、自由，快如閃電。她懂得何時參與，何時放下並向前；她精確地知道，哪些行動能夠舒緩痛苦，哪些不能。這是多年修習正念、培育慈悲、動中修心的成果。

訓練我們的心

念、定、慧是幫助我們培養幸福及處理痛苦的三種能量，稱為三學，就念、定、慧分別訓練。禪修的巴利文是bhāvanā，意思是訓練、修習和培養。如果某樣東西還不在那裡，我們可以製造出來，就像農夫耕耘農田種麥或玉米。Bhāva字面的意思是「在那裡」。我們製造，讓一些東西出現；這些東西是喜悅、和平和自由。如果我們的修習良好且扎實，就不用害怕未來。透過修習，我們訓練自己製造喜悅、幸福、和平、和諧與和解，也能夠處理痛楚、困苦、分離及誤解。

正念的相反是失念，心不在焉。意思是被過去、未來和你的計畫、憤怒、恐懼拉走。我們每個人都有失念和正念的種子，如果能訓練自己——以正念喝茶、呼吸或沖澡，正念的種子在幾天後就會更有力量。有了正念，你會有正定，有了正定，你會更深入地觀看事物。你所做的任何決定都會更明智；所做的每件事也更有品質。當你和另一個人在一起，你會為你們的關係帶來更多正念與定，這段關係會因此更深入。在日常修習中帶著覺知呼吸、行走、做事，你內在的正念種子每天都會成長。

臨濟禪師年輕時非常聰明，也是勤奮的學生。但最後他放下所有的學問，潛心禪修。這不是指我們不該學習，事實上臨濟禪師的佛學知識廣博。學習是需要的，但僅憑正規學習本身，不會帶來轉化和覺悟。很多人會用六年或八年取得文憑，相信這是帶來幸福的條件，但很少人願意用三或六個月，甚至一年去訓練自己處理悲傷或憤怒，以慈悲聆聽並練習愛語。如果你能學習轉化憤怒、悲傷和絕望，學習愛語和聆聽，你就能成為把幸福傳遞給許多人的真英雄。

倫理守則

在這個全球化的時代，沒有共同的價值或「全球倫理」，不可能和諧共處。「五項正念修習」是佛教對全球靈性和倫理的貢獻。「五項正念修習」提出靈性的修習，藉此帶來真正的幸福和真愛，保護生命，恢復溝通，為地球和地球上的每個人帶來療癒。那是走出現今世界困境的方法。「無我」和「相即」的智慧是改變生命和行為的穩固基礎。具備這樣的智慧，有利於個人及地球幸福的正確行為將自然流動。跟隨五項正念修習的指引，你便踏上了轉化及療癒之道，有可能成為菩薩，守護多元文化之美並拯救地球。

【獻嚴法師】

路是走出來的

道的梵文是「mārga」。這不是平坦的道路，而是崎嶇的小徑蜿蜒直上山峰。我們這個時代可能很難找到前行的道路，一切都有些迷濛跟不確定。我們要如何相信自己所見？我們應當走向何處？

就像你在這本書發現的，老師形容正念是一條路，是道，不是工具。這不是**得到某樣東西**的工具，即使那樣東西是放鬆、定、平靜或覺悟。這不是達到某個目的的**手段**，也不是提升效率、增加財富或獲得成功的方法。若是有真正的正念，我們的**每一步**都在抵達目的地。這個目的地是慈悲、自由、覺醒、和平與無畏。真正的正念永遠不會與道德倫理分開。如果你從正念得到的洞見是真實的，它會改變你看這個世界的視野，以及你的生活方式。

要培養非凡的智慧，如本書第一部分介紹的，包含相即、究竟層面、轉化「苦瓜」的苦為慈悲的智慧，我們需要規律、穩定的禪坐和正念修習。我們需要靜止、安坐、接近大自然，但我們同時需要在和世界互動時保持正念，無論是工作、消費、說話、聆聽與關愛他人等。正念不只運用在蒲團上的安靜時刻，也適合日常生活的三度空間。面對崎嶇不平的現實生活時，正需要應用這些洞見和教導，才能走上轉化之道。

以下五個章節記錄了老師在五項正念修習的教導。五項正念修習奠基於《金剛經》的智慧，展現在地球上生活的一種嶄新方式。「尊重生命」，探索非暴力的倫理道德；「深刻的簡樸生活」，重新審視我們對幸福的概念是如何破壞了地球和社會；「正確的燃料」，深入觀照是什麼推動我們的行動和夢想；在「勇敢的對話」，我們發現新的聆聽和說話方式，藉以提高合作和包容；「真愛」讓我們學到，慈悲的力量足以帶來療癒和改變。這五章的每一章都配有相應的修習或「教誨」。這些倫理指引也許顯得陌生或出乎意料，甚至具有挑戰性，但唯有允許觀念和習氣受到衝擊，才能找到出路。要幫助社會和地球，需要培養尊重生命、深刻的簡樸生活、真愛和勇敢的對話，以及支持我們前行的合適「燃料」。以下篇章就是倫理道德的指南針，是指引我們前行的北極星。

尊重生命：非暴力是道，不是策略

靈性力量

每個人的生命中都有靈性層面，能夠面對並超越每天面對的挑戰和困境。談「靈性」的一種方式，是從**能量**談起：覺醒、正念是幫助我們安住在當下的能量，全然存在於此時此地，接觸生命與生命的奇蹟。

我們傾向分別靈性與非靈性。心靈讓人聯想到靈性，身體則是非靈性。這是以分別心看待事物。譬如，泡茶需要茶葉、熱水、茶壺和茶杯，這些元素屬於靈性還是非靈性的層面？當我以正念在茶壺注入熱水那一刻，我同時具有正念和定的能量，忽然之間，這些茶、水、茶壺都變得有靈性；當我帶著正念和定舉起茶杯、捧在手中，喝茶這項行為也成了**非常**有靈性的事。念、定和慧的能量將靈性注入一切。所以，聖與凡的分別並非絕對。我們生活的這個世界，只要注入覺醒的能量，所謂「世俗」的東西都可以變得有靈性。念、定、慧可以在日常生活的每個時刻培養，而這些能量提升了你的靈性。

我年輕時進入寺院生活，每天醒來都要背誦這首偈子：

醒來我微笑，
全新的一天，
正念中生活，
慈眼視眾生。

我本來沒想到這首偈子有多深奧，那時我還不懂。為什麼要在清晨醒來時微笑？這個微笑已經是覺悟的微笑。當你醒來，你覺知到自己**還活著**，生命在你之內、在你周圍。你向生命微笑，以微笑迎接生命，因此真正感覺到自己活著，內在充滿生命的能量。同時你也培養正念的能量，令你即時充滿靈性。

當你念誦第二行時，你的微笑更深了，因為你發現有全新的二十四小時可活，有二十四個小時送到你的門口，到你的心中。因此你的微笑是覺醒和喜悅的微笑；你珍惜生命，發願善用活著的時間。

對基督徒而言，無論聖靈在哪裡，那裡就有生命、寬恕、慈悲和療癒。這些能量由正念而生，我們可以說：聖靈是正念的另一種說法。這種能量讓你擁有生命力、慈悲、慈愛和寬恕。重要的是，這種能量在你之內，如果你懂得培養，你就能令它顯現。

當我們以正念和定的能量面對痛苦，那些痛苦屬於世間還是靈性？如果你讓痛苦淹沒你，那就不是靈性的；當你懂得如何辨識它、擁抱它、深觀它，理解和慈悲就會生起，即便是痛苦，也變得有靈性。這不是說我們需要製造更多的苦，我們已經有夠多苦了。然而，我們可以**善用**苦，來培養慈悲。痛苦可能表現在身體的緊張和痛楚。當我們以正念呼吸和行走時，我們釋放了這股緊張和痛楚，這是靈性的修習。當我們以正念的能量擁抱痛苦的感受和情緒，譬如憤怒、恐懼、暴力與絕望，把平靜安詳帶到身心，這同樣也是靈性的修習。

一九六六年，我受邀到美國發表演講，反對越南戰爭。那是在美國漸趨激烈的運動：要求和平、停止戰爭，但這個目標很難達到。在和平運動中有很多憤怒。我記得有一次我在會上發言，一位憤怒的美國青年站起來說：「你不應該在這裡！你應該在越南拿著槍與美國帝國主義戰鬥。」

我的反應是：「越南戰爭的根源在美國。越南的美國士兵也是受害者，是錯誤政策的受害者。所以我來這裡告訴美國人民，打越戰沒有任何幫助。」

無論發生什麼事情，我們都需要保持理解和慈悲，才不會在憤怒和仇恨中迷失。那次我巡迴美國各地，在和平運動中向群眾演講，我分享：如果你的內在有憤怒，你無法得到和平。要**成就**和平之前，必須先**展現**和平。逐漸地，我協同一些精神領袖朋友，找機會在和平運動中介紹非暴力和靈性層面。

在困難時期，我們都需要靈性修習，藉以生存並保存我們的希望與慈悲。地球上每一個人都需要把靈性層面帶到日常生活中，才不會被困難和挑戰沖走，進而處理自己的痛苦，照顧自己的幸福。我們必須回家——返回自己，深入觀照。那就是靈性的修持。我們的時代應該是靈性的時代。我們能否生存，關鍵就在此。

你愛自己嗎？

如果你不尊重自己，你很難去敬愛人、尊重人或地球。當你執著於一種想法，認為你的身體是你或者你的心是你，你低估了自己的價值。當你能夠把自己從「我」的概念釋放出來，將身心視為所有祖先的延續，你會更尊重自己的身心。

你或許感到自己不值得被愛，但每個人都需要愛——即使是佛陀。沒有愛，我們無法生存。所以我們不該歧視自己。你需要愛，你值得被愛，**每個人**都值得被愛。你所有的祖先都值得被愛。他們仍活在我們所有的細胞中，為什麼要剝奪他們被愛的權利？也許他們一生中沒有得到足夠的愛，現在我們有機會透過愛自己、照顧自己，給予他們需要的愛。

你是生命的奇蹟之一，即使你不相信，你鄙視自己或自認一無所有，只承受痛苦。外面的楓樹是奇蹟；你正要剝開的橘子是奇蹟；正準備剝橘子皮並品嘗它的你也是奇蹟。只是憤怒、恐懼、心結阻礙你看到這些奇蹟。你很美好，就如同陽光和藍天。

你可以訓練自己正念吸氣、呼氣，發現許多美好的事物已經傳遞給了我們，包括慈悲、理解、愛和原諒的種子。我們有足夠的信心，因為我們在自己身上看到祖先的存在。今日的民主是祖先奮鬥的成果。我們有美麗的城市、藝術、文學、音樂、哲學和智慧，因為祖先創造了它們。你的祖先就在你之內，他們做得到，你也做得到。你

相信自己，相信自己能夠延續他們有生之年的未竟之事。

在越南，家家戶戶都會供奉祖先牌位，擺放靈性祖先和血緣祖先的照片。每一天，我們都會點香燭或奉上鮮花，並清除塵埃。我們告訴孩子，祖先是怎樣生活，他們有什麼特質，這樣的傳承啟發我們、團結我們。我們都可以回到自己的根源，重新發現自己傳承的價值。

臨濟禪師教導我們，應該對內在的覺悟、解脫及幸福的種子有信心，而不是向外尋求。在你的身體、你的心、你的精神之中，你擁有療癒所需的一切元素。你的內在具足覺醒、覺悟和幸福；你只需要返回內在去發現它們。

覺知生命中的奇蹟

記得數年前，我到北加州帶領禪修營，住在巨杉林一間寺院的小木屋。有一天，《舊金山紀事報》（*San Francisco Chronicle*）一位記者來訪問我，希望我分享正念。我邀請他在訪問前先喝茶。我們坐在小木屋前的一排巨杉樹下。我建議他忘掉訪問這件事，單純和我喝一杯茶。他人很好，同意了。

我泡好茶。我們一起享受新鮮空氣、陽光、杉樹和茶。我知道要寫一篇關於正念的好文章，必須先感受它的好處，不只是提問並得到一些答案。那不會幫助讀者明白什麼是正念。因此，我試著讓他享受喝茶：正念喝茶。他明顯享受和我一起喝茶的時光，完全忘記了訪問。之後，我們仍然進行了一次非常美好的訪問。訪問結束後，我陪他走向停車場。

走到停車場中途，我停了下來，邀請他望向天空，呼吸並微笑：「吸氣，我覺知天空。呼氣，我向天空微笑。」我們用一、兩分鐘站在那裡看天空，覺知呼吸並享受藍天。當我們走到停車處，他告訴我，那是他首次這樣觀看天空。他真正接觸到藍天了。當然，他曾經無數次看向天空，但那是他第一次真正看到天空。

法國小說家卡繆（Albert Camus）寫過一本小說——《異鄉人》（*L'Étranger*）。這本小說講一名年輕的罪犯，殺了人被判死刑。被處死前三天，他躺在監獄的牢房向上望。忽然，他透過天窗看到藍天。當然，他看向天空很多次了，但這一次是他真正深入觀看——就一小塊的天空。也或者是他即將被處死，特別珍惜活著的每個時刻。這樣的覺醒——接觸到實相的能力，卡繆在小說中稱為覺知的時刻、正念的時刻。感謝正念，這名年輕人首次接觸到藍天。

沒多久，一名天主教神父去監獄為這名年輕人做最後的禱告，但年輕人並不歡迎神父的到來，因為他意識到自己的生命剩下的時間不多了，他不想浪費在一些他不相信的事情上。他發現自己醒悟了，神父卻仍然處在黑暗和失念中，沒有真正活著。卡繆這樣描述：**他活得像一個死人**。

我們很多人像行屍走肉，因為沒有遇到那個覺醒的時刻。沒有覺知到自己有個身體，是一個奇蹟。沒有覺知到周遭的美好事物，包括藍天。我們行走時有如夢遊，沒有真正活著。就像是關掉的開關：不是處於「開」的狀態，活在當下並深入生活。我們需要甦醒，才能真正活著。這是復活的練習。許多人活得彷彿已經死去，不過當我們懂得正念呼吸、正念行走，便可以復活，重拾生命。

由於我當時想起這個年輕人的故事，便邀請那位記者在停車場停下來，望向天空，呼吸並與之接觸。這是一次非常成功的正念練習。這位記者撰寫的文章效果非常好，因為他在喝茶、步行、呼吸、觀看天空時，體驗了正念。

審視、拔掉電源、漫步在究竟層面

【獻嚴法師】

培養對生活中簡單美好事物的敬意，在我們這個時代是強烈的「抵抗」行為。選擇走到戶外，打開眼睛、耳朵和心，與這個美麗星球連結，需要勇氣和自由。社會已經制約我們，不讓我們這麼做。

老師在法國梅村靜修處生活的日子，是行動與非行動的平衡藝術。無論是翻譯、研究、備課或是寫文章、寫信，每隔數小時，他就會到室外漫步一小段時間。碰到有風雪、下雨或陽光燦爛的日子，他會從書桌旁站起來，全然覺知自己的每一步和每個呼吸，取來外套、帽子和圍巾，走到戶外，穿過竹林、松林，沿著流淌的小溪，享受在園中行禪。晴天時，老師會躺在兩棵樹之間的吊床上，望著楊樹的葉子在風中飄蕩。有時候，靈感突然顯現，老師會返回小屋，提起毛筆，用書法在紙上記下他的洞見。

有時候也許有工作需要完成。什麼時候沒有工作要完成？老師教我們，作為禪修者，需要維護自由的權利：享受活在這個美麗星球上，做個簡單的人。無論老師是受邀在國會或議會演講，他總是堅持在活動結束前帶領大家在戶外行禪。不論是在哈佛大學、谷歌、華盛頓的世界銀行總部，都是如此。老師希望每個人都能接觸平和安詳、覺知到每個呼吸和腳步的自由，走過熟悉的街道、公園和購物中心時，感到全然的存在。究竟層面並不遠，就在我們生活和工作的地方，只要深入體驗周遭的生活，它就為我們而在。

我擔任英國廣播公司新聞頻道的記者時，已經在梅村跟隨老師學習。我問一位比丘尼，返回城市之後，我要如何繼續修行。她告訴我，日常生活中需要建立「正念的島嶼」。她建議我提早下車，多走一段路去上班。「妳只需要充分利用正念步行。它不會多花你多少時間，卻能維持你的正念能量。」

我選擇一條穿過教堂庭院的捷徑，每一天穿越街道步入庭院大門時，我便進入一個全然覺知的國度。我能聽到交通聲和鳥叫聲、看到行道樹、感受到城市的脈搏，同時覺知每個步伐和呼吸。有時思緒充塞身心，我會即時停下來深呼吸，重新調整節奏。我從來沒有像走過庭院的那幾分鐘，如此接近這個城市的靈魂。

老師的好友兼學生賴瑞・華德（Dr. Larry Ward），在他的新書《美國的種族業力：療癒的邀請》（*America's Racial Karma: An Invitation to Heal*），寫到與大地的美好同在的療癒力量：「當我身處大自然時，我不會因為膚色受到批判和傷害，這樣的體驗令我感動。我最近告訴一位朋友，我從來沒有被一棵樹或一塊石頭輕視或故意傷害過。我每天都接觸到生命的奇蹟，這讓我以美麗、廣闊和感恩的流動滋養身心，重新平衡神經系統。」

賴瑞每天都會定時到屋子「四面牆」之外的大自然修習，他說：「嶄新和深層的活力讓我建立全新的自己和世界……要超越不公義，我們不能失去自己的安定和靈性耐力。最重要的是，在建立一個新世界的過程中，不要失去以智慧、慈悲回應和行動的能力。」

非暴力的藝術

「非暴力」這個詞的梵文是ahiṃsā，意思是不傷害，不對生命——自己和其他生命造成傷害。「非暴力」這個詞可能給人一種不是很積極、被動的印象，但這並不真確。和平、非暴力的生活是一種藝術，需要學習才能做到。

「非暴力」不是策略、技能或達到某個目標的手法，而是源自理解和慈悲的行動或反應。只要你的心裡有理解與慈悲，你所做的所有事情都是非暴力。一旦把非暴力變成教條，就不再是「非暴力」了。「非暴力」的精神需要智慧。警察可以持槍，但採取非暴力的態度，因為他們以冷靜與慈悲解決困難的情況，不需要用到手中的槍枝。他們看起來或許準備用槍，但他們在感情和理智上都是非暴力的。帶著慈悲去追捕、用手銬扣住罪犯並把他們送到監牢，是有可能的。

有時候「非行動」是暴力的。如果你容許其他人去殺害、破壞，即便你沒有做任何事，你也默許這項暴力行為了。所以，暴力可以是行動或非行動。

非暴力行動是長期的行動。在教育、農業及藝術領域，你可以採取非暴力思維和行動。幫助人們消除歧視是非暴力的基本行動，因為暴力來自歧視、仇恨、恐懼和憤怒。歧視本身就是一種暴力。當你歧視某人，你不會給對方機會，你容不下他。因此，包容與接納在非暴力的修習非常重要。你尊重每個人的生命和尊嚴，在人們的歧視、憎恨、恐懼和憤怒顯現為行動之前，你幫助他們轉化，這是非暴力行為。這些是你即時可以做的，無須等到面對困難的情況，才決定使用暴力還是非暴力行動。

非暴力永遠不是絕對的。我們只能盡己所能做到非暴力。當我們聯想到軍隊，我們想到軍隊的行為只有暴力。其實帶領軍隊、保護城市、阻止侵略，還有很多方法。有些比較暴力，有些沒那麼暴力，你總能選擇。或許，你沒有辦法採取百分之百的非暴力方式，但百分之八十的非暴力比百分之十的非暴力好，不用要求絕對。你無法完美，只能盡己所能，這就夠了。重要的是，你決心向理解與慈悲的方向邁進。非暴力就像北極星，我們只能盡己所能，這已經足夠。

暴力與戰爭並不必然涉及武器。每一次，你的念頭充滿憤怒與誤解，那也是戰爭。戰爭透過我們的思想、言語與行為顯現出來。或許我們生活在戰爭中，與自己、與周遭的人對抗，自己卻全然不知。雖然有「停火」時刻，但大部分時間都是「作戰」時刻。不要讓自己成為戰場。壓抑或抗拒自己的感受也是一種精神暴力。禪修訓練我們為自己的痛苦、憤怒、憎恨或絕望而在，允許正念的能量柔和地擁抱並滲透當下的感受。你**允許**它存在，擁抱它並幫助它轉化。

經濟制度也可以很暴力。即使見不到槍枝和炸彈，它仍是完全的暴力，因為它就像牢獄，阻止人們被納入其中。由於系統的制度化暴力，貧窮的永遠貧窮，富有的永遠富有。我們需要廢除這種經濟制度，給予每個人受教育、工作及發揮所長的機會。當商界領袖在企業中運用非暴力，不僅身邊的每個人都能受惠，自己也會受益。並不是國內生產毛額提升，社會就會幸福，而是培養慈悲。你有權利追求經濟成長，但不能以生命作為代價。

非暴力抵抗

在我還是年輕僧人時，曾經有段時期想成為馬克思主義者。我發現，越南的佛教團體有許多利益眾生的言論，但沒有實際方法去幫助這個國家——在外國統治下，人民深受貧窮和不公義之苦。我希望建立一種佛教，能減少社會不公義和政治迫害。我看到馬克思主義者嘗試做一些事，而且隨時可為人道犧牲。所以，當時的誘惑對我而言，不是名聲、金錢或美麗的女人，而是馬克思主義。

我很幸運沒有成為馬克思主義者。我很快就發現，作為黨員，你必須遵守黨的指令，有一天可能必須殺害與黨意見相左的同胞，而不是服務他們。作為年輕人，你充滿美好的志願、希望服務國家，因而加入政黨。你想服務而不是傷害，但是你的政黨或許已經成為一個機器，有一天你可能受命去殺害或消除不屬於你的黨派的年輕人。你必須背叛想去關愛和服務的初心。我發覺暴力革命不是我要走的路，因此而得救。我不想走向暴力。

不傷害、不殺害的原則非常重要。你嘗試去幫助、拯救，因為你心懷慈悲。慈悲是非常有力的能量，能讓我們做一些事情，減少周遭的痛苦。

入世行動不需要犧牲生命來傳達訊息，而是生存下去、以延續使命。我們會被逮捕坐牢，也會抗議。不過即使抗議非常激烈，我們必須記得，抗議不能消除抗議對象內在的恐懼、憤怒和貪婪。真正的抗議是幫助他們覺醒，開始新的方向，這才是真正的行動。我們可以成為他人的榜樣：建立一個和平、真正團結的團體；實踐保護地球的生活方式；以轉化憤怒與分裂的方式講話和聆聽；生活得簡單而幸福。這是締造和平的根本方法。你為自己和這個世界示範何謂身心健康，而你的生活方式證明未來是有希望的。

不選邊站

越戰期間有很多恐懼、憤怒和狂熱盲信。共產黨人要摧毀反共人士，反共人士想摧毀共產黨人。我們引入外國的思想體系和武器，很快就演變成兄弟互相殘殺。兩個陣營都獲得國際間軍隊、金錢和武器的支持，都確信自己的見解是最好的，隨時可以為這些理念犧牲。但是越南還有許多人不想打仗，也嘗試發聲。只是當局不容許和平的訴求，因為雙方都想戰到底。因此和平運動需要在地下進行，反戰者需要冒著生命危險訴求和平。我們聯合一班年輕人，派發提倡和平的文學作品。我撰寫的反戰和平詩篇被禁，只能祕密出版。如果你身上藏有這本詩集，就有被逮捕的危險。

我們不支持任何黨派，只為和平發聲。採取這個立場非常困難，非常危險。當你選擇一方，至少會得到一方保護。但如果你不選邊站，就會被雙方殲滅。在這樣的情況下，我們還是以非暴力和無分別的精神積極爭取和平，參與社會工作。這非常艱難。面對這種情況，我們的青年社會服務學校（School of Youth for Social Service）備受雙方誤解。

一個晚上，武裝人員闖入校園，綁架我們五名社工，帶到西貢河岸。在那裡，武裝人員問了一些問題，確認他們是我們學校的社工。隨後，他們說：「我們很抱歉。我們收到指示要槍殺你們。」這幾名社工當場被槍殺。仇恨的氛圍很強烈。我們後來得知事發經過，因為其中一名被射殺的學生掉進河中，活了下來。

我們互相殺害，是因為不知道自己到底是誰。為了殺一個人，首先你要給他貼上

「敵人」的標籤。唯有把對方視為敵人，你才能毫不猶豫地射殺對方。但只要我們仍將對方視為人，就永遠無法扣下扳機。暴力和殺害背後的概念是：對方是惡魔，身上沒有任何善。這個想法籠罩著憎恨。我們相信對方是罪魁禍首，但「罪魁禍首」只是一個想法、一個概念。佛教的智慧之劍，首要任務是切斷觀點和標籤。把一個人或一群人標記為「邪惡」很危險，因為他們必須被去除。想法和觀點能夠摧毀人類，也能摧毀愛。

我們的敵人不是其他人。我們的敵人是憎恨、暴力、歧視和恐懼。

這是非常艱難、非常痛苦的時期。那些攻擊者在射殺社工前說了「我們很抱歉」，因此我們知道攻擊者並不想殺他們；他們是被迫的。攻擊者也是受害者。也許不殺害這些社工，他們自己就會被殺。因此，在葬禮念誦悼文時，青年社會服務學校的領袖清楚說到，儘管遭受這樣殘暴的攻擊，他們沒有把凶手視為敵人。那次事件之後，沒再發生類似的襲擊。或許對方近距離跟蹤我們，聽到了這些話。

很多人誤會我們，但我們堅持走自己的路，因為我們堅信自己的價值觀。我們明白了一項真理：痛苦和暴力的根源是缺乏包容、教條主義，以及執著於觀念和見解。

在這種情況下，不執著於觀念、理論和學說，非常重要，即使是佛教義理。這種看法非常激進，是獅子吼。

尊敬一切的菩薩

有一位常不輕菩薩。他是尊敬一切的菩薩，從不看低或鄙視任何人。這位菩薩的行動是消除自大和自卑的心結，傳遞希望和信心的訊息，提醒我們：我們都是生命的奇蹟。常不輕菩薩能夠看到每個人內在的覺醒種子，即使你不同意，他還是微笑著說：「即使你大聲呵斥我，即使你很憤怒，我還是相信你本具佛性。」他只是嘗試告知這項真理。這是他的誓願：走向所有人，不論富有、貧窮、聰明或沒那麼聰明，他都重複同樣的話：「這是我真正相信的。我想傳遞一個訊息給你：你本具佛性。你有能力理解、去愛。」

在生命中，所有人多少都有經歷羞辱的時刻，我也經歷過。我們也許是歧視的受害者、霸凌的受害者、不公平對待的受害者。但無論如何，有了**本具**佛性的洞見，你便是自由的。你從受害者的感受解脫出來。你可以是菩薩，充滿巨大的能量，擁有改變自己的力量，甚至有力量改變傷害過你的人的生命。

這是否意謂犯過殘暴罪行的人也具有慈悲？慈悲是與生俱來的嗎？根據佛教心理學，我們都有慈悲的種子，同時也有暴力的種子。我們可以設想，心識至少有兩層，底層是「藏識」，上層是「意識」。我們的藏識有很多種子，有暴力與殘酷的種子，還有慈悲的種子。

如果你出生在慈愛的環境，周遭的人都很慈悲，也灌溉你內在的慈悲種子，那麼你的慈悲種子便會長大，讓你成為慈悲的人。如果你生長在另一種環境，沒人懂得灌溉你的慈悲種子，你的慈悲種子就很瘦小。如果你看了很多暴力電影，且在非常暴力的環境中成長，人們灌溉你內在的憤怒和暴力種子，你因此成為一個暴力的人。由於你的慈悲種子很小，人們只看到你的暴力，看不到你的慈悲。你不能說慈悲的種子不是與生俱來，它**在**那裡，只是沒有機會得到灌溉。因此，正念的修習包括每天灌溉理解與慈悲的種子，才能平衡內在的暴力。

慈悲能保護你

當你目睹很多的暴力、歧視、憎恨和嫉妒，你需要理解和慈悲來保護你。你具有智慧、相即的洞見、無分別智。有了這些能量，你能成為一位菩薩，幫助別人發展理解與慈悲，包括曾經傷害你的人。你不再是**他們的**受害者。你訓練自己看到他們內在覺醒的種子，你的存在方式能幫助他們消除歧視、暴力和仇恨。**他們**是無明和分別的受害者，**也**是你服務與修習的對象。

慈悲比槍枝和炸彈更能保護你。心中有慈悲，就不會以恐懼或憤怒回應，較不容易招來危險。你的憤怒會讓對方害怕，對方害怕就會攻擊你，因為他們害怕你率先採取行動。慈悲可以保護你和對方。如果你能生起慈悲並防止暴力，就勝利了。這是雙方的勝利，是真正的勝利。

當我們被動蕩與痛苦圍繞，需要修習皈依內在的佛性。我們每個人都有平靜、理解與慈悲的能力。我們應該皈依這座安全的島嶼，來維持我們的人性、和平與希望。一旦成為和平、慈悲的島嶼，你也能啟發他人這樣做。就像渡過海洋的船隻：如果船隻遇到風暴，船上的所有人都驚慌失措，船隻不免覆沒。但如果船上有一個人保持冷靜，就能鼓勵其他人保持鎮定，成為整艘船獲救的希望。

誰是那個在苦難中保持冷靜的人？在我的佛教傳承，答案是**你**。你必須成為那個人，你將是我們所有人的拯救者。這是非常有力的修習。在戰爭或不公義的情況下，不這樣修習就無法生存，你將很容易失去自己。如果你迷失自己，我們就沒希望了。所以，我們得倚靠你。

和平使者

【獻嚴法師】

對你而言，培養非暴力的道路是什麼樣子？要培養非暴力，你與世界互動的方式、說話與處理事情的方式，以及喝茶與消費的方式，會是怎麼樣？尊重生命是我們心識之內的種子，這顆種子愈強，我們在困難時刻需要它時，它就愈快顯現。我們需要智慧、誠實及勇氣，才能說：「這棵樹很珍貴，生命很珍貴。在我面前的這個人，無論他的見解或價值觀如何，他也是珍貴的，他和我一樣是大地的孩子。」

我認為雪莉．梅普斯（Cheri Maples）的故事深具啟發。雪莉是老師的資深弟子。作為一名警察，她把正念帶到了威斯康辛州麥迪遜的警方和刑事司法體系。我記得二〇一一年在洛磯山脈下舉辦的禪修營見到雪莉。她很敏銳、性格堅韌，令人敬畏。她明亮的眼睛有時凌厲，有時柔和慈悲，一如菩薩。雪莉是說真話的人，具有無畏的精神。她的生命和行動顯示，具有力量的個人靈性修習，加上讓人依靠的團體，我們能實踐的遠比自己想像的更多。

雪莉首次參加老師帶領的禪修營，就發生了很多轉化。她喜歡禪修，熱愛團體精神，決定回家後持續修習。但她執行任務時必須持槍，非暴力和「不殺害」的修習看似和她的工作有所扞格。她向老師提出這些疑惑，得到的回應是：「我們期望能夠持槍的，除了那些能夠正念運用它的人，還會有誰呢？」慈悲可以柔和，也可以猛烈。雪莉從老師那裡學到：「智慧是懂得，什麼時候該用柔和的慈悲去理解，什麼時候該用猛烈的慈悲劃清界線。」雪莉成為真正的「和平警察」。在她的職業生涯中，她進一步運用智慧，致力改變並轉化種族描述、武裝方面的文化，以及警方運用致命暴力的標準。

培養對生命的尊重

我們生活在暴力的社會。我們可能在街頭、家裡、打開電視或新聞的那一刻經歷暴力。很多時候甚至自己也沒有意識到，我們聽到、看到和讀到的內容會觸發內在的恐懼、仇恨、歧視及暴力的種子。作為禪修者的挑戰，是瞭解我們是否有足夠的警覺注意到發生的事情。我們是否能夠察覺，日常生活一些細微的行為可能導致戰爭？我們是否參與或在以暴力建立的制度中享有特權？我們需要做些什麼或改變什麼，來建立一個公義、尊重所有生命的再生文化。

尊重必須從基本的需求開始，也需要在日常生活中培養非暴力的意向。二〇二〇年，梅村開始舉辦線上禪修營，我們建議參加者在家裡布置一個神聖的角落，可以觀看佛法開示、禪坐及放鬆。在疫情期間，我們無法在梅村的禪堂、竹林或古老的橡樹林接待人們，但我們可以幫助他們在日常生活中建立一個神聖、具啟發性的空間。這樣的空間是我們修習的部分結構，能夠在我們的心識灌溉和平與尊重的種子。在這樣的空間裡，可以點香，也可布置花朵、蠟燭和大自然的元素，如石頭或美麗的秋葉。也可以擺上照片，比如啟發我們的人——祖父母或祖先的照片，或是別具意義的地點。我們準備好這樣的空間，當我們非常需要的時候，它就在那裡。有時候，我們需要有個地方坐下、呼吸，與希望和夢想連結，或者只是想要哭泣。這樣的空間，幫助我們在生活中接觸到神聖與靈性的層面。

這裡附上在日常生活培養非暴力的正念訓練內容——五項正念修習的第一項。這不是哲學，確切來說是訓練。讀了以下內容之後，請稍做停頓，覺察它在你心中引發什麼感受？你有了共鳴，還是產生一些反應？這段內容是為了深思咀嚼而設計，隨時可以閱讀，它就像鏡子讓你反觀每天的生活與行為。願這些語句能夠挑戰並加強你的意向，激勵你在日常生活中培養更多尊重。

正念修習：尊重生命

覺知到殺害生命帶來的痛苦，我承諾培養相即的智慧和慈悲心，學習保護人類和所有物種的生命，以及我們的生活環境。我決意不殺生，不讓他人殺生，也不在思想或生活方式上支持任何殺生行為。我知道暴力行為是由恐懼、貪婪和缺乏包容所致，源於二元思想和分別心。我願練習對任何觀點、主張和見解，保持開放、不歧視和不執著的態度，藉以轉化內心和世界上的暴力、盲從和對教條的執著。

深邃的簡約：知足

重新審視你的幸福觀念

要拯救地球，我們需要重新審視自己的幸福觀念。關於什麼能帶來幸福，每個人都有一個觀念、一個想法。由於這個幸福的觀念，我們或許會犧牲自己的時間，消耗身心去追逐一些東西。但只要發現我們已經擁有許多令自己幸福的條件，就能在此時此刻幸福快樂。

覺悟不是遙遠的事情。正念呼吸，將心帶到自己的身體，知道自己還活著、還存在，需要活出眼前的生命，這已經是一種覺悟。我們不需要努力掙扎，不需要追逐未來，不需要在另一個時間和地點去尋找幸福，我們需要的是真正存在於**當下**，深深地活在此刻，接收滋養和療癒。一旦接觸到幸福，就不再覺得需要去爭鬥或憂慮，我們已經有很多幸福快樂可以和他人分享。這就是集體覺悟非常重要的緣故。

我們或許會想，為什麼企業或政治領袖不多做一些事情拯救地球。他們知道地球處於危險的狀態，需要緊急關注。他們很聰明，消息靈通。因此，不是他們不**想**做一些事情，而是發現自己**無能為力**，也有自己的難處。

他們有痛楚，有苦難，不知道如何處理，因此未能幫助我們解決環境問題。他們困於自己的世界，困於這樣的觀念，認為金錢和權力是帶來幸福與減少痛苦的首要條件。然而，認為財富與權力增加，痛苦就會減少，這個觀念並不正確；許多人擁有大量的財富與權力，卻同樣受苦。所以，我們需要幫助他們改變對於幸福的看法。只是這樣也未必足夠，我們需要讓他們感受到真正幸福的**滋味**，唯有嘗到真正的幸福滋味，才能改變他們的想法與生活方式，以不同的方式經營生意來保護地球。

要幸福就要被理解、被愛，也要具備理解和愛人的能力。有些人沒有理解和慈悲，完全與世界隔閡。即使有很多金錢、權力和影響力，倘若缺乏理解與慈悲，要如何幸福快樂？

真正的幸福奠基於自由——不是傷害身心的自由，不是控制及破壞大自然的自由，而是有時間享受生命：有時間去愛，從憎恨、沮喪、妒忌及痴迷中解脫，從工作和忙碌中跳脫出來，有時間享受生活或互相關懷。我們的生活品質倚賴這樣的自由。

當下是有待發現的完整世界

【獻嚴法師】

持續追求經濟增長，無法保證幸福，甚至會對幸福構成威脅。幸福不是藉由累積財富和社會地位才能**獲得**，而是每個人在當下都能**觸及的**，只要我們覺知到。但是，我們不太欣賞當下。我們看見一棵樹，認為只是一棵樹，沒有什麼特別。一棵樹有什麼了不起？天空很漂亮，但又有什麼特別？我們有地方要去、有事情要做、有問題要解決。看到月亮，我們會想到「很美」，然後繼續去做要做的事。上一次你看見月亮，你給了月亮多少時間、多少次呼吸？你可以告訴我關於你走出門口見到的第一棵樹的事嗎？它是什麼樣子？它在什麼時間唱著它生命中最快樂的歌曲？是花兒盛放之歌，或是嫩芽之歌、鮮艷的秋葉之歌？

老師有一次邀請我們「打開當下一刻的窗簾」。事實上，有時我發現自己只給予當下一小部分的注意力，也許是百分之十。我的內在充塞已經發生的事，那是過去的事，同時期待將要發生的事，或是我害怕會發生的事情，那是未來。我們生活在充滿刺激和擁擠的當下。作為禪修者，我們的挑戰是訓練自己允許慢動作的現實滲入我們的意識。在當下，我們經常忽略多元的層面，包括觸覺、味道、香氣和具體的覺知。

作為禪修者，我們的任務是要對當下的**覺知**感興趣。我記得，我曾以為要用我的心去接觸當下，後來我明白，我可以用感官更直接地感知當下：森林的味道、微風吹過、下雨的聲音、人們走過柏油路的聲響。我學會切斷噪音，以整個身心去連結當下的空間。如果那天的陽光燦爛，我會提醒自己以完整的十次呼吸享受它，讓身體平靜下來，去覺知自己的感受。對所愛的人或一棵美麗的樹，我也這麼做。放下追逐，在當下全然面對內在或周遭發生的事物，這需要力量。

我出家不久、仍是沙彌尼時，有一次老師要講課，正好輪到我擔任老師的侍者。

我的工作簡單又出乎意料地具有挑戰性：我每個時刻都要站在老師身邊，給予他所需的一切：外套、眼鏡、筆記本，還有比想像中更頻繁的，是一杯茶。而挑戰自然是，在做這些事的過程中覺知自己的呼吸和腳步。

第一天非常困難。老師做事迅速，每個動作果斷清晰，在我幫他拿外套之前，他已經自己拿到；我幫他開門前，他已經來到門前。我們的訓練是，在他做這些事之前幫他完成，同時跟隨其後。這需要很多練習，而我的心思總是讓我礙手礙腳。我總是被老師走路的方式吸引，他看似在每一步停下，又似船隻在水面上毫不費力地前行。

我記得有一天，和僧團午餐後，我陪伴老師返回他的書房。我很開心自己能夠走在老師前面，用正念為他開門、關門，放下袋子，然後打開吊床讓他休息。我輕輕搖動吊床，老師凝望著窗外，那是平靜安詳的時分。遠處傳來笑聲，鳥兒在歌唱，爐子發出劈啪聲，牆上的時鐘靜靜地滴答作響。「現在是什麼時候？」老師問，態度一貫的柔和。我不是很確定。從我搖動吊床的位置看不到時鐘。「呃……接近兩點？」我說，有些猶豫。「我以為你是英國人！」老師說，微笑著，眼睛如星星閃爍。我看起來一定很迷茫。老師繼續微笑說道：「現在不是下午茶時間嗎？我以為在英國隨時都是下午茶時間！」

向生命敞開

我們想像有很多通往幸福的門，開啟其中一扇門，幸福就會以不同的方式到來。但如果執著於某個特定的幸福概念，就彷彿關上其他所有的門。要是特定的那扇門沒有打開，幸福就不能到來。所以請勿關閉任何一扇門，打開所有的門。不要把自己交托給某一種幸福的概念。消除你抱持的幸福概念，幸福就會即時來臨。事實上，很多人執著一些自認是幸福的事物——某份工作、某個人、某樣東西或某個目標，它可以是任何東西。即便我們因為這樣東西受苦，卻沒有勇氣放手。事實是，真正令我們受苦的就是這樣東西。每個人都應深入觀察自己是否處於這樣的情況。釋放幸福的觀念，需要智慧和勇氣。一旦做到了，自由和幸福就很容易到來。

二〇〇五年我獲准返回越南，數百名年輕人請求依梅村傳承剃度出家。我們在越南中部高原的般若寺建立了正念修習中心，訓練新一代的佛教僧尼。這間寺院發展迅速，被當局者視為威脅。二〇〇九年，當局嘗試關閉寺院，有暴徒被派來恐嚇、威脅出家眾。住在那裡的四百名僧尼把那裡視為他們的家和修習中心，認為應該盡己所能守護這間寺院。每個人都盡力避免僧團遭強行解散。般若寺對他們而言，是能夠成為自己、說真話、互相訴說內心話的地方。他們希望無論如何都要盡力保留這個環境和這個團體。他們以非暴力抵抗了超過一年半。

到最後，我們知道有沒有這個地方並不重要，重要的是修習、團結的力量和兄弟姐妹之情。這些是去哪裡都可以帶著的。所以年輕的僧尼離開了般若寺，躲起來並逐步找到其他共修處。今天，他們之中有很多人在法國、德國及泰國的修習中心服務。在這個過程中，我們獲得一個比修習中心更寶貴的東西：我們對修行之道和團體的信念增長許多。我們現在甚至找到更好的環境，更容易做到我們想做的事，持續正念的共修，在團體中成長。

由此，我們不該抓住某個幸福的概念。如果我們能夠放下自己的想法，就有很多機會去實現理想。我們不該太過執著於自己的想法，而是隨時準備放下。我們眼前的不幸，將來可能會轉為幸事。一切端視我們處理這個情況的方法。

禪修不需要在山洞裡

有些人相信，住在偏遠之地、不受社會的影響，就會有更多時間修習。依佛陀的說法，不被打擾、獨處的最佳方式是返回自己的內在之家，覺知在當下發生的事情。在佛陀時代，有一位不知名的僧人，經典稱他為上座比丘（Thera）。他喜歡獨處，嘗試獨自做所有事情，而且為獨處的修鍊而自豪。

有些僧人向佛陀報告，有這樣一位僧人如此修習，並宣稱自己是依循佛陀教導的獨處方法。有一天，佛陀召喚上座比丘，邀他坐下，問他是否喜歡獨自修習。上座比丘說，是的。佛陀說：「告訴我你是怎麼修習的？」上座比丘回應：「我獨自禪坐，獨自行禪，獨自洗衣服。」

佛陀隨著說：「這是獨處的一種方法，但我有一個更好的獨處方法。」他跟著說：「不要追憶過去，不要追逐未來。過去已經不在，未來還未到來。日夜安住在正念的人，就是懂得獨處的人。」

「獨處」的意思是沒有任何人跟你在一起。那個「人」可以是過去、未來，或是你的計畫；可能是你一直追逐、渴求的對象，或是你的幸福概念。獨處意謂著全然滿足於此時此地，在當下有著深深的滿足感。你不需要到山上或洞穴，才能獨處。你可能人在山上或洞穴中，卻仍然追求一些東西，還在追尋或還在後悔，你不是真的獨處。保持正念，你可以坐在市場中心「獨處」，安詳自在。這不需要在洞穴中修習多年才做得到。

讓自己自由

自由本身就是一種修習，不是十年後才能得到的東西。當我們切斷後悔與焦慮，接觸當下此刻，便立刻獲得了自由。所有人都是戰士，而正念是讓我們自由的利劍。

你尋找的東西、你想經歷的一切，都必須在當下發生，這是非常重要的一點。過去已不在此；未來只是模糊的概念。如果抓住未來，就會失去此刻。如果失去當下此刻，便失去了一切——我們的幸福、自由、平靜和喜悅。因此，所有的抱負、夢想和計畫都必須帶到當下，以當下為中心。只有當下才是真實的。

你吸氣，覺知到自己有個身體。你向身體微笑，享受有身體能夠坐下來，在大地行走並享受大地。以正念的能量，你照顧所有的不安、躁動，或是你感受到的痛苦。這非常具體，不是哲學或概念，而是真正的修習方法，能幫助你減少痛苦，更享受生命——從你的呼吸、身體和大地開始。

你意識到身體的美妙，含藏了所有的祖先及後代。你因為活著而感到榮幸。生命不只是痛苦，生命還充滿奇蹟。

允許你內在的藝術家去發現、欣賞、嚮往美善的事物。內在的藝術家永遠不會死去。每天清晨，你能夠享受太陽升起，就是藝術家在行動。戰士偕同禪修者和藝術家一起合作。我們還需要給予內在的戰士一個機會。我們戰士的武器是讓我們自由的智慧之劍。

生命美好而奧妙，有待我們去發現，發揮好奇心。允許自己自由地享受地球上的時間。幫助世界、幫助人們從痛苦中解脫，這是我們可以做到的。但首先，我們需要幫助自己，讓自己自由。

誰是老闆？

在這個時代，很多人活得像機器一樣。正念生活不同。駕車時，你知道自己在駕駛。你是老闆，不是汽車在駕駛你，是你在駕駛這輛車。呼吸時，不僅是你的身體需要呼吸，而是你在吸氣，你享受吸氣。自由就是這些小事情所培養的。當你走路，不是要走向某處，而是行走的每一步，你享受活著，你是真正的自己。這就是自由。有了正念，自由就能存在。有愈多自由，我們愈幸福。

如果一天二十四小時當中，你有五分鐘的平靜、自在和自由，那不算太差。有五分鐘沒有被渴求、計畫或焦慮牽引，你就是個無事要做、無處要去的自由人了。

然而，很多人被事件、周遭的情境，被看到及聽到的事物捲走，迷失了自己。因此，我們需要在人群當中培養自由。當你擁有真正的自由，即使人群在喊叫，或是往某個方向行走，你仍是你自己，不會被大眾的情緒推動。你需要安定，才能擁有這樣的自由。

佛陀是擁有無限自由的僧人。即使每個人與他所想的不同，他還能看到自己相信的是真理。譬如，佛陀講「無我」時，遭到很多人反對，因為這樣的洞見與當時印度整體的思想不相符，但是佛陀有勇氣維護他的洞見。他的內心是自由的，而且他很有耐性。最後，他把他的智慧傳遞給許多人。真正的智慧能帶來愛、耐性，以及許多美好的特質。

如是

當我還是沙彌時，我陪伴師父到訪位於越南順化的海德寺（Hải Đức）。在那裡，我看見一位禪師坐在木平台上。這個影像讓我驚訝。他不是在禪堂裡坐禪，只是坐在一張矮桌前，坐姿挺直、美好。我深受感動。他看來很平靜、自然、放鬆。作為一名沙彌，我的心裡出現一個願望、一個深切的渴望——坐得像這位禪師。要怎樣才能這樣坐著呢？我不需要做任何事、不需要講什麼話，只是這樣坐著。

在禪宗的傳統中，禪坐被視為一種食物。透過禪坐，你可以滋養並療癒自己。在禪宗文獻裡，可以看到這樣的句子：「禪悅為食。」每一節禪坐都應該帶來滋養、療癒和自由。

修習禪坐就像坐在春日微風吹過的草地上。在梅村，禪坐讓我們真正存在，在當下接觸到宇宙及生命的美妙，沒有其他目的。我們只是坐著，不需要做任何事，甚至不需要開悟。我們坐著，幸福快樂。我們坐著，平靜喜悅。禪坐不是苦役。曹洞宗有句話說：「只管打坐。」我們禪坐不是為了做什麼，就只是坐著。

我們需要安排日常生活，讓自己有更多機會單純地存在，學習平靜、喜悅、愛和慈悲。我們需要有具體的方法才能做到。如何停止成為過度計畫的受害者？在現今的社會，我們往往困於日常的擔憂及焦慮，沒有時間活出自己的生命或者去愛，也沒有時間深入生活，接觸生命的本質，理解何為人生。我們太過繁忙，沒有時間覺察呼吸、禪坐和休息。

為什麼我們要這麼忙碌？你需要接受一項事實：你能夠簡單生活——那是給自己更多自由的生活方式。你的生活必須給你足夠的時間安坐，不做任何事。當你安靜地坐著，你能明白許多事情。你有時間照顧自己的身體，照顧自己的感受和情緒。你品嘗到自由的喜悅。

【獻嚴法師】

禪坐的勇氣

回到內在、安住於當下的問題在於，這麼做會發現什麼。你認為這是我們一直逃避這麼做的原因嗎？當我們回到自己的身體，閉上眼睛，會發現腦海充塞從前經歷過的事，所有的影像、聲音和感受都會浮現。這個世界這麼糟糕，我們怎麼會想再面對？我們不想看見，所以想要**抗拒**。

這裡存在一個矛盾：一方面，禪師們告訴我們要覺察呼吸、接受現狀；另一方面，禪師們也說我們需要轉化。走出這個矛盾的方法是兩者並行。如果還未理解事情是怎麼發生的，我們如何去改變？如果不懂得聆聽並理解自己內在發生什麼事，如何聆聽和理解外在的事物？我們的身體和感受反映了世界的痛苦，二十或三十分鐘的禪坐，就是用二十或三十分鐘照顧這個世界。這麼做需要勇氣。

在梅村，我們每天有兩節三十分鐘的禪坐。在走向禪堂的路上，我們已經開始禪修：跟隨呼吸，每一步到達當下。我們打開門、脫鞋，全然地存在，感受自己的每一步，走向蒲團坐下來。安穩、舒適的坐姿非常重要，要用身體禪坐而不是頭腦。許多人會從身體掃描開始，以溫柔的正念能量放鬆每一塊肌肉。這已經是「到達」，並且聆聽每一天的生活在眉頭、下顎、肩膀或胸口留下的痕跡。

我們訓練自己溫柔面對自己，沒有判斷或即時反應。禪坐不是為了成佛、成為他人、成為更美好的人或是與自己不同的人。安坐只是為了成為自己。每天有十五分鐘讓自己感到自在，很難得。這是禪坐的藝術，不是要累積坐禪的時間，保持特定的姿勢，或是逃到別的地方。就只是坐在那裡，自在、自然、沒有目的，就只是存在，對世界和呼吸的奇蹟感到好奇。

心散亂時，聆聽禪坐指引的錄音對保持專注有所幫助，但直接靜默體驗當下會更好。我們深刻聆聽世界在身體和感受烙下的印記，融化不安、撫慰焦慮。如果有需要，可以讓眼淚流下。禪坐不只要接觸平靜，還要藉此辨識、擁抱及轉化在我們與平靜之間的障礙。老師總是說：「允許自己哭泣，但不要忘記呼吸。」我們以正念的能量擁抱眼淚。在禪坐過程中，我們需要藝術家的慈悲和創意、禪修者的安穩和戰士的自律。我們需要策略：在哪裡坐禪？什麼時候坐禪？引導你走向禪坐的一切，已經是禪坐。

簡樸生活的力量

在我還是沙彌時，寺院沒有自來水、熱水和電力，但我們過得很幸福。即使為一百位僧人洗碗也是非常開心的事，因為我們帶著兄弟之情一起洗碗。我們會上山收集松針來起火燒水；沒有肥皂，我們便用椰子殼及灰洗鍋。幸福不靠外在的條件，而是在於我們看待事物的方式。如果我們懂得珍惜自己擁有的，就能生活得更簡樸。

聖雄甘地說，我們必須成為自己想在這個世界看到的改變。如果我們懂得生活得更簡單、放鬆、幸福，地球就會有未來。這是我們在今天、當下就要實踐的。甘地穿著簡樸、赤腳行走、吃得簡單。他的簡樸生活不單在於他不受物質的牽引，還在於他的精神力量。令甘地獲得偉大成功的不是教義，甚至不是非暴力的教義，而是他的生活方式。

世界上有很多人在嘗試應用非暴力的原則，但難以複製甘地的影響力。沒有甘地的精神力量，很難生起他的慈悲及犧牲精神。只要我們持續受到物質主義所牽引，就很難建立自己的精神力量。因此，要建立新的文明，必須下決心反抗為人類利益而存在的物質主義，不做物質的「殖民地」。

生活簡單，能夠給予我們極大的勇氣說真話。發聲時，我們是受到愛與慈悲的推動。你有發聲的勇氣，因為你不怕失去任何東西。你是自由的，你知道幸福的基礎是理解和愛，不是物質財產、地位和身分。如果你害怕失去這些東西，你就不會有發聲的勇氣。

普賢菩薩

普賢菩薩是「大行菩薩」。延續普賢菩薩的精神，我們可以採取各種不同的行動，包括修習慷慨和奉獻，以減少世界上的痛苦。我們的日常生活應該是一種給予。你不需要花很多金錢布施，你的平靜和幸福就是贈予他人的禮物。你也許認為自己是慷慨的，但你也必須找到方法發揮你的慷慨。時間比金錢珍貴，時間就是生命。時間可以用來與另一個人深刻地相處，可以帶給別人喜悅和幸福快樂。

你的存在、你的生活方式，是你在一天之中的每時每刻所分享的。普賢菩薩並非抽象的存在，而是我們四周的血肉之軀。普賢菩薩就在每一位幫助舒緩世間痛苦的人之內。即使在我的僧團，我看到很多菩薩孜孜不倦地幫助他人，我非常感激他們。有些很年輕，有些沒那麼年輕，他們都是大行菩薩的手臂。我們幫助他人時，不是覺得被迫去行動，而是樂意這樣做。我們的修習是讓日常生活的每個行動成為愛的行動，以理解、慈悲和行動服務眾生，在當下行動的時刻感到幸福快樂。

我應該怎樣過我的人生？

你怎麼知道你在盡你所能貢獻人類？我們怎樣選擇一份工作，讓自己更平和，同時為這個世界帶來更多幫助？

決定要做什麼，其實關乎我們想成為什麼樣的人。做事是存在的一種形式。重要的是，做事時要能夠享受，全然地為世界和自己而在。做什麼都好，不在於做的是什麼，而是怎麼去做。有很多工作可以向他人和其他物種表達喜悅和慈悲。你的收入或許會減少，住在較小的房子，開不太值錢的私家車，但你會快樂些。你可以笑、可以愛，你做的一切都是愛的表達。如果你能這樣生活，你的生命就是幸福的生命；簡樸生活是可能的。你能做的最有益的事，就是成為一個幸福的人。

我們很多人被工作壓迫，沒有時間深入生活。這就是我們的文明。身心透支是現實，但不值得。生命是一份禮物，我們要從這份禮物獲得最大的價值。我們需要時間深入生活，避免這樣的二元思維：認為工作是一件事，生活是另一件事。

砍柴、挑水、煮早餐都是「工作」，但你做這些事情時，可能會獲得喜悅和快樂，跟客戶開會也是一樣。會議不只是達成協議，我們可以將會議轉化為兩個生命之間愉快的相遇。正念和慈悲讓會議成為充滿喜悅、有意義的快樂時刻。問題在於質而非量，在於生活**方式**，而不是做了多少事情或多有效率。

寫書法時，我練習將生活和工作視為同一件事。每次開始寫字，我總是先泡茶，然後用一些茶水與墨水混合。茶和禪已經連結了數千年。吸氣時，我用毛筆畫個半圓，呼氣時畫另一個半圓。在這個圓圈中有呼吸，也有正念。我時常請我的師父或父親和我一起畫圓，藉此接觸無我的真諦。師父在我之內，父親也在我之內。禪修、喜悅和生活合而為一，沒有分別。這是如何令工作愉快有趣味的藝術。透過修習正念，這是可能的。

如何做出困難的決定？

生活中，我們時常發現自己處於需要做決定的狀況，有時太快做決定，或是做決定時正處於焦慮或不安，因此這個決定並非出自清明的心。我們應該避免在心不自由時做決定，即使有人施壓也應該拒絕，因為錯誤的決定會讓自己或他人長時間受苦。

所以，不要在心不安定時做決定。先呼吸。吸氣時覺知吸氣，放下充塞腦海的東西，釋放過去和未來，感覺自己比較自在。過了五或七分鐘，你可能已經有足夠的自由做決定了。呼吸滋養了那份自由，你會看到自己有許多不同的選擇。相較在恐懼、內疚、焦慮或悲傷的影響下所做的決定，你的選擇更適當、更有利、更慈悲。你在正念呼吸時，能得到**很大**的自由。如果你想維持這樣的自由，可以繼續正念呼吸，多久都可以。這種修習簡單，卻非常有效。

修習正念並不意謂不能計畫未來，也不意謂不能從過去學習。正念修習是不迷失在對未來的恐懼或不確定之中，而是**立足**於當下，把未來帶到當下，深入觀照。那樣才是計畫未來。你在當下計畫未來，這是計畫未來而不是迷失於未來。

如何失敗

你是否害怕失敗？你怎麼處理這樣的恐懼？你也許會質疑自己能否實現目標。但什麼是成功，什麼是失敗？每個人都受到希望成功的欲望所驅動。有些人失敗了，卻因為這次失敗而做得更好，最後獲得真正的成功。有些人成功了，卻成了成功的受害者，那不是我們想要的成功。

假設你成功修習正念呼吸，正念呼吸把你的心帶回到身體，幫助你安住於此時此地，這會帶來喜樂平靜。這樣的成功永遠不會傷害你。是否真正成功端賴你**如何**行事。如果你為了成功不惜一切，甚至用不善的方法，你或許「成功」了，但作為人，你毀了自己。

正行（八正道中的正業）是以理解、慈悲與真理為方向的行為。這是無分別的行動，奠基於相即的智慧。正行由慈悲推動。如果達到成功的過程中的所作所為都是正行，你會無所畏懼，因為正行會產生美善、慈悲和平靜的能量，能保護你一生。

照顧好身、語、意，就不再恐懼失敗。具有念、定、慧，人生的每個時刻都已經成功了。你無須等待一年才獲得成功。每一步是成功，每一個呼吸也是成功。因為每一步都產生了喜悅、平安與幸福。如果方法是善的，結果也會善的。

學子和隱士

這個世界需要光。我們需要有人帶給這個世界自由的光、理解的光、愛的光，以智慧之燈照亮世界。

從前，有位學子夢想做官。在那個年代，所有年輕人每天都有著同樣的夢：透過考試，被皇帝選中當官。

當時每個省份都辦了考試，在數千個參加者中只有一百人能被選中，到首都進行進一步培訓及選拔。在全國選拔時，由皇帝親自出題目，測試學子們是否懂得國家的情況，看他們是否有幫助人民和社會發展的想法，令人民更加幸福安樂。

這位年輕人參加了考試，但沒有被選中。他努力讀書去實現夢想：服務人民和國家、有豐盛的收入、有幸福的家庭，結果令他感到絕望。帶著破碎的心，他開始長途跋涉踏上歸家之路，穿過高山、樹林及田野。一個下午，他到了一個小山丘，他精疲力盡，無法再行走了。此時，他遇到一位隱士，一位在山腳過著簡單生活的僧人。他停下來，發現隱士在一個小鍋煮著一些東西。他非常飢餓，又疲累，因而請求隱士給他一些東西吃。隱士說：「你休息一會，當粥煮好了，我會給你一碗。你可以用樹根當枕頭。」年輕人躺下休息，很快地沉睡。

他做了一個非常奇怪的夢。在夢中，他發現自己在三年一度的考試中獲選為百人之中的一員，被送到首都參加國家級的選拔。他以博讀群書所得的知識，努力回應了皇帝提出來的問題，結果被皇帝選中了，覺得他是所有年輕人中最聰明的人。皇帝把公主賞賜給他。公主非常美麗，你無法想像當時他有多麼快樂。他充滿希望，朝氣蓬勃，而且他獲得非常重要的職位——國防部長。

他們的國家是一個小國，鄰近一個非常強大的國家。作爲國防部長，他的責任是防衛國土，他面對很多困難及挑戰，包括嫉妒、沮喪和憤怒。他和公主的關係也不好，幾乎每天吵架；他們的兩個孩子很不聽話。他的婚姻和政治生涯都面臨困難，生活中有許多不如意。

有一天，他得到一個消息，鄰國聚集了大批士兵準備攻打他們。他召集了軍隊派遣他們到前線阻擋入侵。由於長時間在生活和工作中掙扎，他的心中沒有足夠的清明和平靜，因而在指揮這次作戰過程中，他犯了很多錯誤，敵方大肆入侵，占領了很多土地。戰敗的消息傳到皇帝那裡，在狂怒下，他下令處斬這位國防部長。

夢中，年輕人看見自己被士兵包圍，被帶到行刑處。將要行刑時，他聽到類似鳥鳴的聲音，他便醒了過來。迷糊中，他左看右看，發現自己人在山腳，那位隱士就在他旁邊。

隱士帶著微妙的微笑看著他說：「你休息得好嗎？小米粥準備好了。來，坐在這裡，我給你盛一碗。」年輕人在夢中經歷了許多事情，就像一生已經完結。如果你不懂得深刻地活在每個時刻，你的生命就會像夢一般消逝，非常快速，甚至比煮一鍋小米粥還要快。

隱士在那裡用一雙筷子攪拌著小米粥，平靜安詳。深入觀察這位隱士，你能夠看到他身上的平和。他是真正活著，真正幸福的人。有了平靜、安穩和自由，生活就有可能美好幸福。年輕人坐在隱士身邊，問了他很多問題。他是一個聰明人，他很快發現，心中平和、自在是幸福生活的關鍵。他放棄了當官的渴望，也有了新的夢想。他希望能像這位隱士般生活，轉化自己的痛苦，恢復心中的平和自在。他決定成爲這位隱士的學生。

你或許可以想像自己是那位學子，深思這個故事。深入觀照你的理想和計畫，看看是否值得你窮盡自己的一生和精力去追求你所渴求的東西。

接觸懂得自由之道、懂得培養安穩與慈悲的朋友，非常重要。在佛教有一個重要的詞彙：善知識，指的是有智慧、內在有光的朋友，是真正的心靈朋友。這個朋友或許已經與你很親近，但你還沒有辨識出來。我們都需要找到能支持我們並給予光亮的朋友，才不會在黑暗中失去方向。當你發現一位心靈朋友，那是個美妙的時刻。

【獻嚴法師】

學習真正幸福的藝術

偉大的禪師們告訴我們，只要我們靜下來聆聽，就會知道該走哪條路。沒有人能給我們這種洞見，只有透過真正的修習、靠自己的力量，才有辦法獲得。智慧無法透過語言或書本傳遞。是的，文字可以指出那條路，但無法代替我們走。

我還是一名年輕記者時，曾經在新聞編輯部修習正念。我當時人在倫敦市中心一棟六樓建築的頂樓。我訓練自己在同事喊叫時聆聽，接聽電話前練習呼吸，到冰箱取水喝時想像山泉和瀑布。遇到困境時，譬如接受現場訪問的嘉賓在最後一刻沒有現身，或是錄影帶不見了，我訓練自己想起星星在哪裡：不僅在我頭上，在這個城市灰暗的天空中，還在我的左邊、右邊，在辦公桌底下，也在距離地球遙遠的另一方。在極度緊張的時刻，我發覺自己可以到洗手間做十分鐘簡短的放鬆練習。當我在現場節目開播前的最後一刻，在走廊上衝向攝影棚發送大字報時，我發現自己還能與每一個步伐同在。

正念幫助我在新聞室內深刻地投入工作，看清楚自己的情況。記得有一天，我跟隨呼吸和腳步，走過鋪著地毯的地板去泡一杯咖啡，腦子裡嗡嗡作響的是兩個電台節目的故事，以及早上看過的六份報紙內容。有個問題忽然浮現，令我呼吸短促：我就是**這樣**度過分秒、日月？我發現自己是存在於一台有毒機器的小齒輪，那台機器包括數千個開放式的工作室、辦公室及茶水間。這就是我想用寶貴生命做的事嗎？這是我想投入能量的地方嗎？這個問題植根於我的生活核心，成為一則公案。有一天，問題的答案清晰地浮現，就像白天一樣清明。

在這個時代，勇於發聲的年輕氣候運動參與者是一種特別的菩薩，有如真正的真理傳遞者，也是這個世界的鏡子。他們非凡的影響反映出，我們不需要擁有經濟學位才能講出真相。如果我們容許自己去看、去聽、去談論，真相就在這裡，在我們眼前。

這個世界需要更多講真話的人。我們需要不同類型的菩薩。你想成為哪一類菩薩？你如何選擇運用你的時間和精力？作為物種之一，我們選擇如何運用自己的時間、精力和職業，是我們的星球危機的根源。

以下是五項正念修習的第二項。這樣的深觀很具挑戰性，能夠指引及陪伴我們走向更深層的簡約與滿足。閱讀這一項正念修習時，你或許想停頓一下，反思它照亮你生命中的哪些部分。

正念修習——真正的幸福

覺知到社會的不公義、剝削、偷竊和壓迫所帶來的痛苦，我承諾在思想、說話和行為上，練習慷慨的分享。我絕不盜取或占有屬於他人的東西。我會和有需要的人分享我的時間、能力、財物。我會深觀，以瞭解他人的幸福、痛苦和我的幸福、痛苦緊密相連；沒有理解和慈悲，不會有真正的幸福；追逐財富、名望、權力和感官上的快樂，會帶來許多痛苦和絕望。我瞭解真正的幸福取決於我的心態和對事物的認知，而不是外在的條件。如果能回到當下此刻，我會覺察到快樂的條件已然具足；懂得知足，就能幸福地生活於當下。我願修習正命，即正確的生活方式，來減輕眾生的痛苦並逆轉地球暖化。

正確的燃料：守護你的心，培養你的志向

你在餵養什麼？

要能真正保護環境，你必須能保護自己。我們的色、受、想、行、識，是我們日常生活的基礎。地球的健康在於身心健康，一如你的身心健康在於地球的健康。保護地球和消費方式有關。如果你無法處理內在的污染及失衡，你如何去處理大自然的污染和失衡問題？相即的教導非常重要。

我們受苦，是因為我們攝取了錯誤的食糧。我們的消費方式正在摧毀地球，導致孩子們面臨痛苦。修習正念消費是拯救地球的方法。否則，人類將持續毀壞地球並製

造很多痛苦，不單是對人類，對地球其他物種亦然。

佛陀說：「沒有東西能在沒有食物的情況下生存。」佛陀也說：「當你受苦時，你埋怨外在環境，埋怨你認為導致你受苦的人。但深入觀察，你會發現你才是自己的頭號敵人。」**我們**消費、飲食、管理生活、行動，甚至實踐自己幸福概念的方式，令自己受苦最深。我們是導致自己受苦的人，被惡念困擾的心是自己最大的敵人。這是佛陀說的。我們在很多方面需要對自己所受的痛苦**負責**。我們或許認為有些東西對自己有益，其實卻令我們深深受苦。

苦是可以止息的，這是好消息！抑鬱能夠止息，你的恐懼、憤怒和憎恨也能熄滅。我們可以訓練自己把苦視為一種「食糧」。當我們辨識到苦的糧食來源，切斷這些來源就能止息痛苦。沒有燃料，它就會熄滅。

佛教有關於四食*的教導：飲食（吃的和喝的）、感官印象（透過感官攝取的，如影像、聲音、音樂、電影、網頁等）、意志（最深層的意願）和心識（攝取在周圍的集體能量）。所有這些食糧的來源可以是有益的，也可以是有毒的。

最深的願望

在四食中，我們首先深觀的是「意志」——我們最深層的意願。我們想在這一生做什麼？我們需要坐下來深入觀察，以找到答案。你追逐的最深層的渴望是名氣、權力、成功、財富、感官刺激或是其他東西？一個恐怖分子，最深層的意願是報仇及殺害；作為生態學家，最深層的願望是保護環境。

我們都有渴望，而這些渴望可以是健康或不健康的，可以讓我們受苦或幸福。你的深層渴望是健康的嗎？如果我們的深層渴望是減少受苦，成為幸福的人；如果我們的深層渴望是回到自己，創造喜悅和幸福，滋養自己也幫助別人這樣做；如果我們的深層渴望是學習如何擁抱並轉化痛苦，那麼我們的痛苦便會減輕，也能幫助他人這樣做——這樣很好。那是美善的願望、菩提心的體現，也是最美好的意願。

我們知道，我們的內在和這個世界都有痛苦。我們想**做**一些事情，**成為**能夠減少

＊四食：第一是段食（食用的食糧），第二是觸食（感官的食糧），第三是思食（意志、意念的食糧），第四是識食（心識的食糧）。出自《雜阿含經》卷十五第三七三經《子肉經》。

世間痛苦的人。但我們也許感到無力，因為痛苦太強烈了，而且獨自一人並不能做什麼。我們無法忍受這樣痛苦地活著，即使我們還很年輕。

佛陀年輕時也有類似的感受。他看見痛苦，明白即使是一國之君也未必能舒緩痛苦，因此他選擇放棄繼承王位，離開皇宮，嘗試尋找其他方法。是什麼驅使他成為一名僧人，投入修行？是想幫助人們減少痛苦的意願。一旦自己轉化了痛苦，我們就有能力去幫助轉化這個世界的痛苦。這很簡單、很清楚，這就是佛陀實踐的。

我們修習正念，甚至成為僧尼，不是為了逃避痛苦或逃避社會，而是獲得所需的力量去應對困境並且幫助他人。我們知道，獨自一人無法做什麼，但是一個團體就能成就一些事。因此佛陀開悟後，首先是想辦法建立僧團；佛陀是傑出的僧團建立者。過去數十年，我也在學習建立僧團。當我遇見金恩博士，他用了一個詞語來描述僧團——「摯愛社群」（beloved community），那便是我們的修行團體。

我還是一名年輕僧人時，越南正經歷巨大的痛苦，令人難以忍受。有數百萬人死亡。你能做些什麼？你被痛苦淹沒，但你還是想做些事情停止戰爭。我的朋友和夥伴——包括真空法師，當時她還是年輕的學生，竭盡全力舒緩那些貧窮、受壓迫人們的痛苦。但這不夠，戰爭持續在摧毀一切。因此他們參與和平活動，真空法師甚至被捕。我也因為爭取和平而受苦：我敢於呼籲停止戰爭，為此流亡海外四十年。四十年的流亡！但我們需要**採取行動**，不然我們無法生存，無論是生理上或心理上。如果無法做些事情，我們會**發瘋**的。

對如今所有的人類來說，目前的情況也是一樣。我們的地球正處於危險之中；許多暴力和令人們受苦的事情正在世界上發生。如果你想**行動**，首先要存活下來，然後減少痛苦。你**立志**做些事情，**渴求**一些東西。你需要這種渴求，來獲得更多支持你前行的能量。你心底的渴望不僅是金錢、社會的肯定、影響力或成功，你真正想要的是其他東西。

或許，你想改變文明的方向，或許，你希望幫助他人照顧自己和自己的痛苦，進而療癒、轉化，展開深刻的幸福生活，幫助地球恢復美麗。這是美好的願望，有益的營養來源。這是菩提心、仁愛的心。如果你是政治家、社會運動參與者或企業領袖，有這種美好的意向、善美的抱負，便可以讓目前的人類文明轉向。

有一些渴望會毀壞你，傷害你的身心；也有一些渴望能給予你很多力量，如抱負和大願。作為年輕人，你需要這種食糧。當然，我們有自己的痛苦，可是一旦具有強大的心願，就可以做好付諸行動的準備。看到世界的痛苦，我們立刻覺得自己的痛苦不是那麼重要，而且即時減輕。這種營養、這種食糧非常重要。

當你有這種心願，你的眼睛會更明亮，微笑會更美麗，腳步更踏實。強大的意願是一種營養，是你需要的食物。當我們同在一起，有**共同**的願望，就會有所需的能量去實踐這個最深切的願望。我們皈依僧團，不是為了自己的利益，而是為了每個人的利益。沒有團體，我們無法走遠。

你知道自己要做什麼。你需要掌握念、定、慧的技巧，因為年輕一代需要你。你的生命就是為了這個目的。每個時刻都是訓練、轉化自己，準備好去服務世界的機會。我們沒有時間浪費在不重要的事情上面。我們的道路非常清楚，我們有任務要實踐。我們清楚，實踐這些任務，就能減少世界的痛苦。即使我年事已高，我仍保持初心，我的精神還很年輕，我想把這種能量傳遞給我的學生。不要變老，保持年輕。找到合適的食糧，共同建立修行團體。

地藏菩薩

任何菩薩、任何偉人，內在都有巨大的能量。如果你缺乏志向，便需要找到它。我們應該與伴侶、朋友一起坐下，詢問對方最深層的夢想。如果你們有類似的抱負，彼此的關係會更穩固。我們在地球上生存，都想在生命中完成一些事情。我們希望生命有用、有意義。

地藏菩薩的大願是到有苦難的地方服務並幫助眾生。地球的每一處都有地獄。有時候，地獄就在我們家裡、團體或國家。我們互相憎恨、互相殺戮，用槍炮殺害對方。我們屬於同一個家庭、同一個團體、同一個文化，但是我們給對方製造地獄。地藏菩薩準備好到那些地方去解困，這非常困難。你必須保有初心、耐性、堅毅及無畏。你不是來埋怨，而是來熄滅恐懼、憤怒和暴力。你的任務是給予理解和慈悲，並且幫助他人在內心產生理解與慈悲。

有很多醫生、護理師及社會工作者，是活生生的地藏菩薩。他們志願到地球上困苦的地方提供服務。所以，地藏菩薩是非常真實的存在，不僅僅是雕像而已。很多年輕人像地藏菩薩一般服務這個世界，不畏艱苦，因為他們知道自己能減輕苦難。這些人有慈悲與大願的強大能量保護著。

我們應該支持那些發願幫助眾生的人，讓他們不致失去心中的志向或身心透支。他們在艱難的環境工作六個月或一年，回家後需要滋養和療癒。我們可以照顧他們，盡己所能幫助他們療癒，這樣他們就可以再度啟程，提供第二次、第三次服務。這個世界的地藏菩薩需要幫助，也需要團體、僧團的支持，才能夠長時間持續服務。

在艱難的環境中，你需要懂得如何培養內在的藝術家、禪者、戰士（也就是地藏菩薩的果斷和無畏），才能心平氣和、安穩地服務他人。數十年前，越南的戰爭似乎永不停息，絕望在蔓延，特別是在年輕人之間。我記得他們曾經來問我：「老師，戰爭會有停止的一天嗎？」當時看來戰爭並無止境，一直在拖延、拉長。我很難給一個正面的答案，但是在吸氣和呼氣之後，我說：「親愛的朋友，我們知道，一切都是無常的，戰爭也一樣。」

如何回答這個問題並不重要，重要的是在每個情況找到方法，培養慈悲、平靜及清明；如果這些特質能維持活力，就有希望。我們最大的敵人是絕望，我們必須保持希望。我們修習的平靜及深觀，足以滋養希望。有了平靜，透過深入觀照和開放的態度，便能推動集體的覺醒，無論是規模或品質。很多人會為了和平、社會公義及保護地球，準備大展身手。我們不該覺得孤單。絕望和使用暴力的誘因一直存在，但如果我們內在的禪者和藝術家保持生命力，戰士會準確知道該往哪個方向走。

禪修可以有夢想嗎？

你或許會說，老師一行禪師總是鼓勵我們活在當下，但現在他又告訴我們要夢想未來！這可能是個美麗的夢想，但終究只是夢而已。

如果我們的大願不是一個夢想，那是什麼？在佛教，菩提心的能量，慈愛的心不僅僅是夢想。菩提心是真實的，是給予我們希望和信念的活生生能量。在日常的每一刻，我們的夢想可以逐步成為事實。在我過去數十年的生命中，沒有一刻不在見證我的夢想成真。我們的夢想**能夠**成真，事實上，它們**正在**成真。夢想不會百分之百地實現，但每一天都會逐漸變得真實，如此真實，在當下就能接觸到。

在大乘佛教，培養大願是非常重要的修習。為了成為真正的菩薩，你需要發大願：發願轉化自己，也幫助別人轉化。你**需要**有這樣的意願。但你也可以修習「無願」（或「無事」，如臨濟禪師所說）。「無願」意謂著：「不把某樣東西放在眼前並試圖得到它。」另外一個理解方式是：你已經是你想成為的人。不要看低自己。在這一刻，一切已經如是。你無須追求更多，無論是平靜、健康、幸福或愛，都已經在此，無須再去追尋。

當下包含過去和未來。如果你懂得在當下深刻地活出你的大願，便接觸到永恆。在佛教，方法和結果應該是相同的。沒有通往幸福的道路，道路本身就是幸福；沒有帶來療癒和轉化的修習，修習本身就是療癒和轉化。你有大願，但你也可以修習「無願」，這完全是有可能的。

【獻嚴法師】

你敢於夢想嗎？

作為入世的禪者，大願的能量是修行道路上最重要的元素之一。我們可以問自己：「我生命的志向目前是怎樣了？」如果它快要熄滅，可以重新點燃；如果仍是模糊的概念，可以讓它更清晰；假使之前找到它，但隨著時間慢慢放掉了，必須把它找回來；如果已經深深埋藏起來，可以運用善巧讓它顯現。

禪者的包容與接納有時會遭人誤解，以為是對世間痛苦的冷漠和麻木，但這只會發生在意圖用禪修掩蓋事實的時候。禪的藝術是要讓事實和道路**顯現**。一旦我們看到並理解這個世界上痛苦形成的原因，可以立即知道如何轉化它。禪者對世界的理解具有**行動力**。對痛苦的理解和洞悉，能產生慈悲與深刻的願望，希望保護並滋養生命。我們在菩提道上學習，大願是活力的種子，維持前行的生命力。

大願與野心有別。賺錢、成功、影響力、身分和地位只是外在標籤，是社會告訴我們應該獲取的東西，我們甚至還不知道那些是什麼就去追尋了。大願則是深刻許多，是我們想在生命中為這個世界付出的事物。

記得我還是一名年輕記者時，有人告訴我，如果我努力工作不懈，有一天我會成為節目「編輯」。他的話語強而有力，令我印象深刻，但同時令我困擾。我一直在想：「如果我繼續，有一天……」

當時，我在睡前修習「五憶念」，靜靜地提醒自己，一個呼吸接著另一個呼吸：

我會衰老，我無法避免衰老。
我會生病，我無法避免生病。
我會死亡，我無法避免死亡。
我所珍愛的一切，我所愛的人都會改變。我無法避免要捨棄這一切。
我所繼承的，是自己身語意行為的結果。我的行為，就是我的延續。

我開始察覺，死亡是非常個人的反省時刻。我想知道：我是否對自己忠誠？我是否盡己所能好好活著，在這一期的寶貴生命做到我想做的事？

有一天，我突然受到衝擊：如果我持續走在這條道路上，我的墓碑上將寫著：「娜塔莎·菲立普斯（獻嚴法師出家前的名字），英國廣播公司編輯」。我立即察覺到我並不想要這樣。下一個念頭則是「我寧死也不要把這句話寫在墓碑上」。

許多傑出人士成為社會的中流柢柱，比如英國廣播公司編輯，但是這不是我要走的路。我之後察覺到，無論我的墓碑上寫什麼，在臨終病榻上我所面對的，最關鍵的是我與自己的關係。我是否已經為自己做了最重要的事？如何不錯失在這期生命療癒與轉化的機會，不單是為了轉化自己的「垃圾」，還有祖先及文化的「垃圾」？我如何過好每個小時、每一分鐘，臨終時在病榻上才能保持平和？這是我決定自己生命的新基礎。我發自內心對「美好的人生」有了一股深刻的感受，而這給了我源源不絕的勇氣，走上這條較少人走的道路。

維持心中的火焰

清楚知道自己想怎樣活，以及培育大願是「絕望」的解藥。老師說，少了這些條件，要面對世界上這麼多苦難，「我們會發狂。」要維持心中的火焰並不容易。

出家後頭幾年，我非常積極參與老師和僧團的入世計畫，但我還沒學到如何找到平衡，最後弄得精疲力盡，絕望的種子再度升起。我察覺到自己需要重新調整，請僧團批准我離開電腦工作，用一年的時間整理並照顧菜園。我的童年在郊區的農場上度過，回歸簡樸和平靜的泥土，接近堆肥及蔬菜，著實令人欣慰。但是悲傷還在，儘管大地的溫柔和清涼很療癒，我心中的烏雲清理得很慢。

有一天，法靈法師帶給我一項訊息：「老師叫我告訴你，他希望你明年春季為記者組織一個禪修營。」我立即的反應是沮喪。我就是**不想**與記者相處而出家，我希望得到療癒，而這條路我才剛開始走而已！我覺得我有權過簡單的生活，接近大自然，遠離電腦。老師教導我們，清楚辨認自己的限制以及保持平衡，都很重要。於是，我表示抗拒：「不。請告訴老師，對著電腦工作目前對我來說壓力太大了。僧團已經准許我在菜園工作一年，在菜園裡我更能好好修習正念。」法靈法師轉達這個訊息給老師。老師只是微笑，滿是喜悅，揮出「禪劍」：「都一樣。告訴他，在電腦前工作和栽種生菜是一樣的。」我聽到老師的回答，但我不認同，我繼續做堆肥。

一個星期後，法靈法師帶來新的訊息。他帶給我老師一篇文章的初稿——〈與大地母親的親密對話〉，說道：「老師請你編輯，希望你能舉辦一場記者會，發表這篇文章。」我的倔強想說不，但我的心說好。因此，我請幾位法師一起幫忙，終於把老師這些美麗的文字編輯為一本書——《給地球的情書》（*Love Letter to the Earth*）。不過，舉行記者會的條件不具足。兩年後，我們在紐約的達德新聞及創傷中心（Dart Center for Journalism and Trauma）舉辦了正念活動。那場活動非常緊湊且有意義。老師的箭射得離箭靶中心不遠，只是需要時間到達目標。

療癒身心透支並不容易，我們每個人都必須在過程中找到自己的路。我們需要花時間浸淫在大自然裡，純粹地投入當下，攝取美好的元素；我們需要花時間和所愛的人相處，照顧自己的身心，療癒深層的痛楚、內疚及悲傷；我們需要睡眠、需要哭泣和笑。我從老師那裡學到，最重要的是讓大願之火燃燒不滅，這是我們最需要的燃料。當它漸漸熄滅時，我們需要同行的好友、所愛的人和導師幫助我們繼續前行，提醒我們在生命中最想做什麼。

我的一位依止師曾經形容，「大願」和「正念」彷彿穿越風暴翱翔的美麗鳥兒的雙翼。我們需要雙翼，才能乘風飛翔。當我們貢獻一己之力，不僅需要決心、毅力及無畏這些地藏菩薩的特質，也需要平衡的力量，如正念呼吸、正念步行、健康的飲食、良好的睡眠、放鬆、運動，並且為自己而在，照顧內在顯現的一切。

守護你的心

抱負或志向是四種食糧（四食）的其中一種。另外一種食糧在佛教稱為「感官印象」。我們聽到、接觸到及聞到的一切。當我們觀看電影和電視節目時，我們在攝取；當我們上網時，我們在攝取；看書、看雜誌或聽音樂時，也是在攝取。甚至交談時，我們也在攝取那些對話。當對方充滿憎恨及絕望，我們就把這些情緒帶進自己的身心，造成的毒害很大。新聞中，也充斥許多憤怒、恐懼、焦慮及憎恨。

我們想要一點刺激、令人興奮的事，因此拿起手機、電腦、書籍或雜誌，期待能得到一點刺激。我們尋找影像或聲音，讓我們遠離在當下不舒服的感覺，同時掩蓋內在的痛苦。我們尋找刺激，不是因為我們真的**需要**，而是藉此從事可以逃避自己的活動。我們可能對這些刺激上癮，卻從來沒有得到真正需要的滿足。我們需要愛、需要平靜，但只是因為我們還不懂得在內心培養愛和平靜，而是一直向外尋找。

佛陀建議我們不要害怕返回內在，透過正念呼吸和正念步行，培養足夠的念、定、慧和勇氣，去照顧自己的孤獨和痛苦。進行一些訓練，便能夠連結身和心，產生能帶來愛與喜悅的時刻。當你真正存在，你看到外面在下雨，這很美；樹木在那裡，也很美；空氣出乎意料的清新。吸氣、呼氣，你接觸到當下的美好。

我記得在一九七〇年代初，我率領越南佛教代表團出席巴黎和談。我們憂慮很多事情。在越南，每天投下的炸彈造成許多傷亡。我的心專注於如何停止戰爭，如何停止殺戮。我沒有時間去接觸生活的美好，去接觸清新和療癒的元素，因此我沒有得到我需要的食糧。真空法師也是代表團的一員，負責協助我。有一天，她準備一籃子新鮮的香草，令我很驚嘆。在越南，每一餐都有新鮮的香草，但我沒有時間想到香草這樣的東西，以及生活中的美好事物。那一刻，我受到很大的啟發：我不該沉溺於工作，甚至讓自己被工作淹沒，反而應該撥一些時間接觸內在以及周遭新鮮、療癒的元素。

那一天，感謝真空法師準備了一籃子的香草，我得以恢復平衡。

我們之中有些人是社會運動參與者，渴望投注全副精力幫助這個世界，但是如果在工作和照顧自己之間無法取得平衡，便走不遠。修習行禪、正念呼吸、接觸新鮮和療癒的元素，對我們的生存至關重要。

英雄之路

不要等到明天才去切斷你的煩惱，今天就去做。有時候我們猶豫不決，年復一年持續糾纏於自己的問題，無法自拔。我們內在的戰士渴望自由，內在的禪者希望超越現況，但我們還是允許痛苦把我們拖垮。我們想結束這種狀況，但是內在的戰士尚未採取行動，所以內在的禪者覺得被囚禁了。

當我們渴求某樣東西——食物、酒或感官享受，很容易成為渴求的**受害者**，因此而失去自由。我們渴求的對象造成了誘惑，帶著隱藏的「鈎子」捕捉我們。只有辨識到「鈎子」，才能走出困境，獲得自由。戰士用智慧之劍斬斷所有的煩惱和渴求，戰士希望現在就去做。戰士宣告：「我不能再等了，我必須獲得自由。」

誘惑你、控制你的生命、糾纏你的習慣、讓你受很多苦的，無論是什麼，都應該以智慧之劍斬斷。就在此刻、今天、當下，你決定不再往那個方向走，成敗就在當下。給你內在的戰士一個採取行動的機會，拿出劍，斬斷它，給自己自由。不是今晚，不是明天，而是當下此刻。

如果你想要平靜，平靜隨時都在。無論你渴望的是什麼，你向渴求的人事物宣告：「我想要自由，我拒絕依賴，拒絕成為奴隸。」問題是，你有足夠的決心嗎？這是關鍵。如果你尚未自由，還沒有得到你期待的自在、平靜和療癒，那是因為你的渴望還不夠強。你必須真正想要，彷彿若非如此你活不成。你決心從覺醒中獲得自由。你看到自己長久受苦，你受夠了，想要出離，不想再繼續下去，多一天也不想。那就是覺醒。從覺醒開始，你決心獲得自由。

你的馬要去哪裡？

有個禪宗故事是這樣說的。有一個人騎馬馳騁，他的朋友在十字路口看見他，喊他：「你要去哪裡？」這個人回答：「我不知道，問這匹馬！」這是現代人的情況，這匹馬就是科技。它漸漸劫持了我們，而且失去了控制。

早一段時期，谷歌有個座右銘：「不作惡。」這實際嗎？這可能嗎？人有可能賺大錢卻不作惡？這是他們想要做到的，但如今不是很成功。科技令我們與自己、家庭和大自然疏離。大自然具有療癒和滋養的能量，但我們花了許多時間與電腦在一起，不再為自己、為家人或大地母親而在。這意謂文明走錯了方向。我們賺錢的方式或許沒有殺害任何人，也沒有搶奪任何人，但我們犧牲了生命、幸福，以及我們所愛的人和大地母親的幸福。

事實上，這個市場並不是用科學和科技的智慧來拯救地球，而是用科技滿足我們的欲望，進一步剝削地球。問題在於，我們運用科技主要是為了滿足貪求，帶我們遠離當下。我們**已有**足夠的科技挽救自己和地球，但如此運用科技的意願還不存在。如何讓科技成為團結所有人的推動力，而不是導致分裂？如何教科技公司運用最新產品，去幫助人們照顧自己、照顧員工，並且照顧地球？

覺知壓抑

我們可以把「藏識」視為地下室，「意識」視為客廳。我們傾向把自己不喜歡的東西放進地下室，把客廳布置得美輪美奐。我們也是這麼對待痛苦。但是內在痛苦的心結通常不願停留在「地下室」，如果變得太過強大，便會不請自來，推門進入「客廳」，尤其會趁晚間你缺乏控制力時，開門進入你的意識。

在日間，暴力、貪念、憎恨及憤怒也許會用力推進，因為你消費或攝取的方式在助長它們。你可能嘗試抗拒，把門鎖好，在「客廳」與「地下室」之間設立屏障，同時嘗試壓抑一些「藏識」裡的東西。如何壓抑？你藉由消費和攝取來填滿意識。當你感受到內在的不安，有東西要升起，你會去播放音樂，拿起電話，打開電視，去某個地方。為了塞滿「客廳」，你會盡己所能，讓那些痛苦的心結沒有機會浮現。

這種時候，我們消費或攝取的東西多半有害，貪念、憎恨、暴力進入「藏識」，令痛苦的心結更加強大，這非常危險。因此，首先的要務是停止灌溉這些種子，防止它們長大。你必和所愛之人及朋友一起建立正念消費和攝取的策略，好互相支持、保護彼此。

很多人抑鬱，但抑鬱不是無來由地忽然出現。如果我們深入觀察，就能看到它的根源。抑鬱也需要食物才能存活。想必是在抑鬱之前的幾個月，我們生活和消費的模式讓抑鬱顯現。我們用消費壓抑了自己的痛苦，在意識層面產生了不良的循環。有了正念，你對痛苦會有不同的反應。你允許痛苦出現並加以辨識，溫柔地擁抱它，深入觀察它。用念、定和慈悲的能量擁抱痛楚，它會返回藏識，失去一部分的力量。當它下次再度浮現時，你可以允許它自然展現，因為你已經懂得如何處理。經過數週這樣的修習，便可以恢復意識層面的良好循環。正念的修習非常具有療癒力。

【獻嚴法師】

戰士守護心的策略

老師在這裡提出的概念相對簡單：把我們閱讀、看到和聽到的視為食糧。困難之處在於轉化自己的習慣，也就是我們的文化、祖先和文明的習慣。正念讓我們在感受身心接觸的事物時保持警惕和警戒。滑手機時，我們有什麼感覺，之後又有什麼感覺？看電影或電視劇時，我們有什麼感覺，特別是停止觀看的瞬間。這些外在的刺激在我們的身心印記了什麼？引發了緊張、恐懼、激動和孤獨，還是喜悅、滿足、連結和理解？

螢幕提供我們很多美好的事物：笑、啟發、教育和娛樂。電視及電影等等，本身並沒有壞處，還有不少好處。我們的挑戰是不要被它們淹沒。在梅村的僧侶禪修營，我們會舉辦電影夜；夏天，我們經常在禪堂與幾百人一起觀看世界杯決賽。

沒有絕對的「對」或「錯」。正念的消費或攝取是藝術，端視我們攝取的內容是否用恐懼、暴力或憤怒污染自己的心？要攝取多少才足夠？螢幕和耳機剝奪了什麼？

所愛之人的存在、走到大自然的時間，或是為自己和內在的感受存在的機會？每個人狀況都不一樣，但我們的正念修愈強，就能更清晰地察覺，擁有更多自主性和選擇。而且，當我們學會處理劇烈和難過的感受時，就不會在關掉螢幕時，那麼害怕面對自己的內在。

控制並自由選擇放在心上的東西並不容易。因為有尖端的演算法和超級電腦層層對付我們，以精準的設計迎合我們的喜好，藉著吸引我們的注意力獲益。二〇一三年，幾位僧尼陪伴老師到位於加州山景城（Mountain View）的谷歌總部，會見資深行政人員和工程師。

這次會面前，老師剛對著數百位谷歌員工，講述在這個時代生產應用程式和裝置，幫助人們減少受苦、照顧身心及人際關係，有多麼重要。會面時，工程師們提出問題，想要知道如果老師在他們的位置，會如何畫出道德倫理的界線。

老師深入傾聽他們的憂慮。他很有耐性、專注、積極地鼓舞，同時態度堅定。他回應：如果我們有能力助人離苦，就必須這麼做。有一位工程師隨後建立了人道科技中心（Center for Humane Technology），這是非政府組織，目標是推動數位世界，支持人類幸福而非利用人類弱點。趁我們還沒覺察之前，我們要以個人或集體的力量，去抵抗這樣一個數位化的未來：以金錢衡量我們的注意力，讓我們的觀點更偏激，推動建立在點擊率和貪婪的經濟體系。

問題是要如何抵抗？我們必須制定策略，決定每週花多少時間觀看電視和電影、玩電子遊戲、看新聞、瀏覽社交媒體，還是用應用程式和封鎖軟體防衛自己的注意力，藉以實踐我們的解決方案。與親友相處時，我們能夠放下手機嗎？或是睡覺前能把手機放到另一個房間嗎？這些是簡單的決定，但很難實踐。自我約束，從小事開始。

當我們不攝取這些東西時，我們需要擬定計畫照顧自己的心。要如何擁抱自己的孤單、悲傷或絕望？如何滋養喜樂與連結？如何放鬆身心？我有一個簡短的清單，列出什麼對我有幫助。當悲哀的種子升起時，我盡量到戶外去，把注意力投放到當下生命的聲音、形色、香氣、味道、觸覺，我們稱之為奇蹟的美好事物。

當我焦慮不安或緊張時，從骨子裡就能感受到這些情緒。這時我會用數分鐘修習身體掃描來放鬆，無論是坐著或躺著。當憤怒的情緒被觸動了，我嘗試立即外出步行。培養慈悲是憤怒最佳的解藥。有時我們會發現，隱藏在憤怒背後的傷痛和恐懼早在前一個瞬間被觸發，這時我們可以即刻去照顧這些感受。

當我滿心怨懟、不肯讓步，我訓練自己「改變頻道」，改變軌道、轉換主題，提起更正面的東西。這在佛教稱為「如理作意」，也就是適當的注意。有時，改變我們注意的對象是回復平衡的最好方法；其他時候，這可能是躲避或逃避。這個方法、這門藝術，是要我們學習在任何時間跟狀況去辨識我們的心需要什麼？什麼是最健康的？我還學到，永遠不要低估好朋友的重要性——和你一起外出、交談、聚會和哭泣的人。疫情導致這項重要資源變得稀有、珍貴。單純和其他人聚在一起，就能夠帶來深刻、豐富的滋養。下一章會談到佛教四食的其中一種——集體意識。

集體意識是食糧

我們有「意志」食糧和「感官印象」食糧。佛教所說的第三種食糧是「意識」。意識有**個人**意識和**集體**意識。個人意識來自集體，集體意識由個人組成，兩者相即。

個人意識反映集體意識。譬如，個人有內在的恐懼和憤怒，但也反映了社會的部分恐懼和憤怒。或者，我們認為美麗的東西，不僅本身是美的，也是因為集體意識認為這是美麗的。我們每天攝取的個人意識和集體意識都**非常真實**。

念頭、感受和心態，都可視為身心攝取的一種食糧。如果我們坐在那裡，允許悲傷升起，一次又一次地咀嚼它，像反芻動物反芻食物，這樣意識便成為不健康的食物。但因為有正念的能量，我們訓練自己用適當的注意力來處理念頭，藉以帶來理解、慈悲與自由。我們可以選擇適當的時機，把注意力投注於不同的念頭。我們的意識是一種食物，帶著正念，我們可以選擇能滋養並幫助我們成長的食物。

如果我們看見朋友沉思、被念頭帶走，表情看來焦慮、悲傷，我們知道他們可能沉溺在思緒中，或者處於痛苦和悲哀的狀態，這是「**非**如理作意」。這時我們要予以協助。也許伸手放在朋友的肩膀上，說：「想什麼呢！這麼好的天氣，我們出去走走。」我們幫助朋友停止攝取不健康的意識食糧，不讓他們坐在那裡反芻。只要能從朋友的集體正面能量獲益，就會感覺好多了；日復一日，也會感到滋養和轉化。

集體意識中的負面能量也是一樣。當恐懼和憤怒成為集體的，這非常危險。你會跟其他人一樣恐懼和驚慌，很容易被集體的能量淹沒。因此選擇一個讓你受到健康、清明集體意識影響的環境，非常重要。許多人都會被周遭的人影響。譬如，二〇〇四年伊拉克戰爭期間，百分之八十的美國人相信這場戰爭師出有名，在英國只有百分之三十五的人這麼認為。一個國家可能會把自己鎖在一個想法、一個觀點和一個感覺之中。大眾媒體、軍事工業複合體，這些元素能夠同時建造一座「監獄」，促使整個國家抱持同樣的思想、觀點，做出同樣的行為。

誰可以幫助我們走出觀點、感受及集體意識的牢獄？你！無論你是藝術家、作者、記者、電影製作人、社會運動參與者，還是修習者，都應該培養**自身的**智慧，幫助內在的佛陀展現，在真理的光照下表達自己。即使大部分人還未看到真相，但你已經看見了，你有足夠的勇氣堅持下去，擁有真理的小眾能夠轉化整個局面。

非暴力進食

佛陀所說的第四種食糧是真正的**食糧**：早餐、午餐和晚餐，一切我們用口攝取的食物。吃什麼，非常重要。**吃什麼**下肚、**在什麼地方**飲食，也能看出一個人的秉性。

佛陀說，我們應該以慈悲的方式進食。聯合國兒童基金會（UNICEF）的報告指出，每一年有三百萬名兒童因為飢餓和營養不良死亡，他們都是我們的子女。如果我們過度進食，就好像吃下他們一般。如果我們進食和生產食物的方式很暴力，這時我們彷彿在吃自己的孩子，在吃下一代，把整個地球吃得精光。

正念幫助我們覺知目前發生了什麼事。肉食工業正在摧毀我們的地球。為了放牧牛群或是種植餵養牠們的糧食，森林遭到破壞。世界上所有牛隻消耗的食物相當於八十七億人所需的卡路里。生產一磅肉所需的水，是生產一磅穀物的一百倍。

個人和集體都必須採取緊急行動，不吃肉是幫助地球存活的有效方式。光是吃素，就可以節省用水、減少污染、避免砍伐森林，保護野生動物，不致滅絕。如果停止吃肉，就可以停止生產肉食。

你對痛苦的覺知自然會讓你決心以非暴力的方式進食，而不是有人逼迫你。這麼做是因為你有覺知、正念及慈悲，這是向大地表達愛與感恩，而你會立即感到平和、喜悅和幸福。我們的日常生活方式應該表達我們的覺醒。正念進食幫助我們保持慈悲，確保地球擁有未來。

你可以非常快樂地吃素，不帶批判。你可以保持寬容，不將自己的觀點強加於別人身上，讓他們保持自我。你無須多言，只需邀請他們一起享受美味的素食。總會有人繼續食肉或飲酒，但我們需要百分之五十的人吃素，來建立平衡。進食只是修習的一部分，當別人看到你的平靜、喜悅和包容，會開始欣賞非暴力的進食方式。如果我們的社會修習正念進食，我們將能療癒自己、療癒社會並療癒地球。

佛教傳統中，有一首小詩提醒僧尼與這個世界互動時訓練自己，*就如蜜蜂採花一般柔和用心。蜜蜂得到花兒的甜蜜花蜜，卻沒有破壞花的芬芳和美麗。我們都是大地的孩子，可以充分利用大地，受惠於她的美麗，但同時我們應該像蜜蜂尊重花兒一樣，尊重大地。

或許，商人和政治家需要深思這些問題，因為我們已經在破壞大地，我們的貪婪破壞了花兒、山水。我們應該只取用所需，讓大地的美麗和花兒完好無損。四食的教導幫助我們明白如何避免傷害自己、社群和地球，以及如何滋養、保護自己和環境。

【獻嚴法師】

滋養和療癒的藝術

勇氣和完全誠實能幫助我們，看清消費方式對我們和地球所產生的影響。我們的經濟增長速度是否可以永續？我們購買的一件平價T恤、一杯酒或一磅牛肉，真實的成本是多少？真相可能會讓人心痛，但也能喚醒我們。這樣的洞見幫助我們轉化自己的習慣，去尋找嶄新的方式支持自己的理念，為身心找到健康的燃料。

我們需要戰士的決心和力量去突破並獲得自由，也需要禪者的耐性和仁愛，以及藝術家的開放、包容和創意。一如老師所說：「不要把自己變成一座戰場！」這個世界不需要更多的狂熱分子。如果很難改變某個習慣，這個習慣或許是好幾代祖先傳下來，或是由社會、文化、周遭環境長期養成。當我們開始改變，讓自己的選擇與價值觀一致，就會更瞭解自身和祖先。

＊〈七佛通戒偈〉中，拘樓孫佛說：「譬如蜂採華，不壞色與香，但取其味去，比丘入聚然，不違戾他事，不觀作不作，但自觀身行，若正若不正。」

下面是五項正念修習的下一項。這一項正念修習指引我們培養更具正念的消費和攝取模式。讀起來或許顯得很嚴格、尖銳、有挑戰性。它的內容確實在邀請你反思，就如一位禪師在問：「你確定嗎？」你可以慢慢讀，思考它反映你目前生活的哪個部分，或是挑戰它。每一次閱讀都會帶來不同的反應。今天閱讀時，它帶來了什麼啟發、問題或反應呢？

正念修習：滋養和療癒

覺知到缺乏正念攝取所帶來的痛苦，我承諾修習正念飲食和消費，為我自己、我的家庭和社會，學習轉化身心、保持健康的方法。我將深入觀察我攝取的四種食糧，包括飲食、感官印象、意志和心識。我絕不投機或賭博，也不飲酒、使用麻醉品或其他含有毒素的產品，例如某些網站、電子遊戲、音樂、電視節目、電影、書刊和對話。我願學習回到當下，接觸內在和周遭清新、療癒、滋養的元素。我不讓後悔和悲傷將我帶回到過去，也不讓憂慮和恐懼把我從當下拉走。我不用消費來逃避孤單、憂慮或痛苦。我將修習觀照萬物相即的本性，正念攝取，藉以確保自己、家庭、社會和地球眾生的身心安詳、喜悅和幸福。

勇敢對話：聆聽的力量

真正的對話中，雙方都願意改變

如果你想拯救地球、轉化社會，你需要兄弟姊妹情誼，也需要匯聚眾力。當我們談到環境、和平及社會公義，通常會談到非暴力行動和科技解決方案，卻忘記「合作」這項關鍵元素。少了大家一起合作，我們無法成就任何事情，也無法拯救地球。技術解決方案需要有團結、理解和慈悲的支持。

為了合作，我們需要懂得聆聽、講話善巧，懂得重啟溝通管道，讓溝通更順暢，才能與自己和他人進行更好的溝通。我們帶著許多善念聚集在一起，分析情況、草擬方案並採取行動。但如果不能達成共識，不懂得互相幫忙，或是不懂得聆聽，而是互相爭鬥，我們會動氣乃至分裂。

恢復溝通是非常急迫的修習。有良好的溝通、和諧、理解，慈悲就會存在於人與人、團體，甚至國家之間。我們的領袖需要共聚一堂，討論地球面臨的危機。而對立的兩方要建立真正的關係並相互理解，尤其需要修習深度聆聽，用善巧及慈悲的言語傳遞洞見和看法。

政治領袖和代表需要訓練自己傾聽的藝術：聆聽人民、國內的苦難，還有其他國家的苦難。許多人認為自己的痛苦沒有被聽見和理解。由於缺乏足夠的溝通，我們的社會分裂得很厲害，充斥著恐懼、憤怒、歧視和絕望。作為人類，我們不僅殺害**其他**物種，也**彼此**殺害。因此，我們需要學習如何傾聽，貢獻聆聽和慈悲的能力。

聽到別人埋怨或批評的言語，可能會觸發自身的惱怒、憤恨和沮喪，因此，我們需要的不僅僅是聆聽的**動機**，還需要**訓練**自己如何聆聽。當我們打開心扉，與親密的人恢復溝通，就同樣能在職場、社會及不同的政治黨派和國家之間溝通無礙。

當我們懂得傾聽另一方，我們看到的不僅是他們的缺點，還有**自己的**錯處。正念對話和溝通非常關鍵。修習傾聽和愛語能夠消除錯誤的認知，而錯誤的認知是恐懼、憎恨與暴力的溫床。我深切期盼，我們的政治領袖懂得運用這些「工具」，為自己和世界帶來和平。

跨越鴻溝

《法華經》中提到一位特別的菩薩——持地菩薩（Dharanimdara）。持地菩薩負責保護和保存大地。我們這個時代非常需要這樣的角色。持地菩薩貢獻了凝聚與延續生命的能量，其任務是延續人和其他物種的溝通和聯繫，同時保護大地和環境。他的角色就像工程師和建築師，任務是創造能包容每個人的空間，建造橋梁，連接此岸和彼岸；建設道路，讓我們抵達所愛的人的所在之處。我們應該辨識出我們內在和周圍的持地菩薩。我們同樣可以創造空間接納每個人，建造心和心之間的橋梁，幫助人們恢復溝通。

我於一九六六年來到西方，主要是為了宣傳反對越南戰爭的理念。我和朋友一起參與和平運動，我們也深入觀察大環境，把注意力集中在地球。經過多次深觀，我們建立了一個名為「大同」的組織，藉以喚醒人們，建立一個跨國、超越國界的團結組織有其必要。

一九七〇年，「大同」在法國召開了一次科學家的會議，並發布了蒙頓宣言（Menton Statement）：「給地球三十五億鄰居的訊息」，有超過三千名科學家聯名簽署。會議上，我們談到環境惡化、自然資源消耗、人口過度擁擠和飢餓問題。一九七二年，當聯合國在斯德哥爾摩首次舉辦環境會議，我們也組織了類似的會議，但不是以政府的名義，而是以人類的名義，以大同的精神行動。

當時的聯合國祕書長吳丹（U Thant）認可我們的努力，他說：「全球面對人類可能滅絕的這項危機，或許證實是可以凝聚人類的短暫力量。」如果世界上所有衝突的黨派直接面對真相，提供地球現況的完整資料，我們就能停止紛爭，盡快結束衝突，採取保護地球的行動。假使各國仍然關心不重要的事務，是因為他們還未全然察覺實際的狀況。真相是：如果我們持續這樣下去，將無法避免文明的終結。一旦瞭解這一點，我們就會有足夠的力量和覺醒，去凝聚彼此，超越憤怒、分裂、憎恨和歧視，瞭解大家需要一起合作完成什麼任務。

如何聆聽

即使我們擁有前所未有的尖端溝通科技，溝通卻變得愈來愈困難，很多人甚至不懂得聆聽自己。聆聽，首要是全然地存在，心不散亂，這意謂著為自己而在。我們聆聽自己，以正念呼吸恢復平靜和清新，真正為面前的人存在，因此能聽到對方所講的話及未講的話。

聆聽是一門藝術。正念總有正念的對象，在許多聆聽過程中，我們修習的是**慈悲的正念**。請記住，聆聽只有一個目的：給對方傾訴的機會，幫助對方減少痛苦。聆聽時請修習正念呼吸，保持這個意念。即使對方講的話並不真實，或者充滿錯誤的認知、指責和苦澀，還是保持慈悲的聆聽。你在修習慈悲和正念，慈悲會保護你，防止被對方的言語觸發內在的不安和憤怒。進行一個小時這樣的聆聽，能夠幫助對方減少痛苦，也能恢復溝通。

如果你發現自己無法聆聽並轉身離去，這不表示你不夠慈悲，而是你尚未轉化自己內在的痛苦。我曾聽說，有一次歐普拉（Oprah Winfrey）訪問一位女士，談自己被虐待的痛苦。作為訪問者，她在聆聽時非常悲傷，幾乎崩潰，最後甚至要求停止錄影。這是因為她也曾經歷類似的痛苦：她童年時被虐待，卻沒有機會轉化這段經歷帶來的痛苦，於是她在聆聽另一位女性講述類似遭遇時瀕臨崩潰。因此，我們必須先學習如何轉化自己的痛苦，才能為正在受苦且需要幫助的人存在。

我認為教師和教授也需要騰出時間聆聽學生的痛苦，這不是浪費時間。如果學生太過痛苦，便很難專心念書。由此可見，幫助學生減少痛苦也是教學、傳遞知識的重要環節。唯有老師懂得聆聽自己的痛苦，才能聆聽學生的苦楚，幫助他們舒緩，即便只有短短一小時。學生也可以反過來聆聽老師的痛苦，因為教育工作者也有困難，當他們能夠善巧地與學生們分享自己內心的煩惱，雙方的溝通就會更順暢，氛圍因此轉化，無論教學和學習都會更愉快。

每個團體都需要有懂得慈悲聆聽藝術和實踐愛語的人。他們的工作就是走向每個人，安坐並聆聽。他們會這樣說：「親愛的朋友，請告訴我們你現在的狀態，請幫助我們理解你目前在工作、內心和家中面對的困難和挑戰。」聆聽者在幫助他人訴說和減輕痛苦前，必須已經學會聆聽自己和家人。當成員之間有良好的溝通，能分享相同的意念和目標，任何組織都能轉化為改變社會的團體。

有時候，我們需要以一個國家的角色去聆聽自己。每個國家都存在許多痛苦，包含不公義、歧視和憤怒，很多人覺得自己的痛苦沒被聽見和理解。我們要找到有聆聽能力的人，把他們聚集起來，幫助國家去聆聽那些歧視和不公義的受害者。我們可以提供一個環境，讓他們安全地表達，哪怕需要數日或數週，才能產生足夠的勇氣，分享心中的一切。一個國家的人民一旦能互相聆聽，也就能聆聽其他國家人民的心聲。

慈悲的菩薩

觀音菩薩能深入傾聽世間的求救吶喊。所有人、所有物種都有不同的表達方式，但無論表達方式有何不同，觀音菩薩都能夠理解。即便對方是孩童，缺乏足夠的詞彙表達自身需求，觀音菩薩也能聽懂；不論對方是以言語或肢體語言表達，觀世音菩薩都能理解。

我們應該學習如何聆聽，這需要訓練。如果對方的說話內容難以入耳，令你難過，觸動你內在的痛苦，你也許會有打斷他並指正他的衝動，但我們要盡量避免打斷別人講話。他們所講的內容是對是錯並不重要，重要的是給他們一個傾訴的機會。慈悲聆聽對方的痛苦是唯一能夠幫助他的方法。他需要有人聆聽，你也許是他生命中第一個聽他傾訴心聲的人。這是非常深刻的修習，需要訓練。

你告訴自己：**他們在受苦，需要有人聆聽，而我就是那個人。我會扮演深入傾聽的菩薩——觀音菩薩的角色。如果我記得在聆聽時正念吸氣和呼氣，並提醒自己：我聆聽的唯一目的是讓對方有機會傾訴心聲，我就能做到。無論他說什麼，即使是錯的，充滿指責、埋怨及錯誤的看法，我也會繼續聆聽，**這就是慈悲聆聽。能坐下來這樣聆聽，是非常仁慈的舉措。你在扮演菩薩的角色並受到慈悲能量的保護。我們需要訓練自己這樣的能力。

如此聆聽而不困於聆聽的內容是可行的。我們都有憤怒和慈悲的種子。如果你勤於修習慈悲，內在的慈悲種子會比憤怒的種子更有力量。當慈悲種子具有足夠的力量，就能夠在聆聽時啟動慈悲保護自己，你將能保護自己內在的憤怒種子不被觸動。慈悲聆聽時，我們的意圖不是成為絕緣體，或是切斷自己與對方的連結，我們慈悲聆聽對方的痛苦，帶著關愛去辨識、擁抱並轉化自己可能在聆聽時被觸碰的傷痛。在梅村，每次深度聆聽之後，我們都會到戶外行禪，恢復平靜、安詳、清新。

同時，我們需要清楚瞭解自己的限制。我們善巧地安排自己的生活，讓自己保持平衡，具備足夠的滋養、平靜和喜悅，因此能持續慈悲地聆聽他人。有些人的內在有許多痛楚、憎恨和暴力，需要表達出來，但很難找到一個人安坐在他們面前，聽他們說話。因此，我們準備好聆聽時，他們或許會有濫用你的時間和友善的傾向，不停地傾訴。你不知道需要多久、多少天或多少年的聆聽，才能幫助到他們。他們一次又一次重複訴說同樣的事情。

這種情況的聆聽就不是有智慧的聆聽。我們需要運用善巧，去積極幫助他們辨識、擁抱並深入轉化內在的痛苦。你的聆聽能讓他們稍微釋然，但並不足夠。我們需要找朋友一起幫助他們重整生活，切斷餵養痛苦的所有食糧。如果只是持續地聆聽，我們也許會傷害自己和內在的菩薩，那絕對不是好事。

【獻嚴法師】

深度聆聽的祕訣

當我們與別人產生分歧時，需要有勇氣聆聽；當我們經歷不公義、感到無力時，需要有巨大的精神力量，才不致成為憤怒或憎恨的受害者。我們要如何在這個破碎而兩極化的世界上搭建溝通的橋梁？

接觸梅村之前，我不知道聆聽可以透過學習掌握。我以為有些人具有聆聽的天賦，而我沒有。但是我逐漸發現，我愈懂得安坐並聆聽自己，就愈有更多空間聆聽他人；而且愈去聆聽天空和樹木，也愈懂得聆聽。我對人有了好奇心，想瞭解他們的希望、恐懼、夢想。我們經常混淆聆聽和傳達自己的觀點，但說話和聆聽是兩件不同的事。聆聽是訓練，是修習，是我們送給別人的禮物，也是我們送給自己的禮物——能開闊視野，與面前的人更深入交流。

在梅村，我們訓練自己用全副的身心聆聽，為對方所說的內容全然存在。第一項祕訣是在聆聽時跟隨自己的呼吸。這樣，我們就會成為真正的聆聽者。覺知自己呼吸的美妙樂章，讓我們植根於當下，幫助我們不被內在的對話騷擾。聆聽時保持正念呼吸，我們很快就會發現，呼吸記錄了我們反應的痕跡。照顧自己的呼吸，我們有機會辨識、接收並擁抱所有即時升起的反應。

聆聽時有很多事情同時發生，包括面前的這個人、他的言語，以及我們的身體、呼吸和反應。第二項祕訣是，在聆聽過程中，要多加觀照對方的痛苦對自己的呼吸和身體造成的反應。如果緊張升起，便呼氣釋放它；如果呼吸變得不均勻或短促，可以輕柔地釋放緊張。我們不壓抑任何升起的感受，只是覺察並擁抱。我們知道聆聽結束後，可以深入觀察它們。

聆聽的藝術包括不打斷他人，這是第三件要注意的事。當有人觸動我們的情緒，或是講了不真切的事情，我們會想馬上打斷對方，糾正並解釋他們哪裡錯了。但是在深度的慈悲聆聽中，我們的任務是讓對方訴說想說的一切。這是聆聽他們心中真正想法的機會。如果聆聽時感到難受，一如老師所說，我們可以用慈悲的能量保護自己，並提醒自己，我們聆聽的目的只有一個：讓他們打開心扉，講出心底話。我們需要培養真正的好奇心，去理解他們最深的恐懼和憂慮。

第四項要注意的技巧是：在整個聆聽過程，持續保持慈悲。我在聆聽時，通常不會過分注意對方的言語。我發現，聆聽難以理解、苦澀或憤怒的話語，最好的方式是去聽言語**背後**的痛楚，以及對方盡力表達的感受，無論方式再怎麼笨拙。老師這樣描述觀音菩薩的深度聆聽：「全心全意地傾聽，以聽到他人已說和未說的話。」即使是美好的時刻，對所有人來說，以言語訴說自己的感受並非易事；在困難時刻，當我們被傷害，或是恐懼或憤怒被觸發，就更難表達。

有時候，當我聆聽情緒激動或憤怒的人，我會看著他們，聆聽弦外之音。我跟隨自己的呼吸，保持開放，在心中靜靜提出這樣的問題：「真正傷害你的是什麼？你真正想說的是什麼？」對方所說的和我們聽到的之間可能存在極大的鴻溝，正念幫助我們跨過這個差距。這是第五：聆聽還未說出口的訊息。

最後，我們創造適合聆聽的各種條件。放下手機、關掉電視或音樂，或者提議到外面散步或喝咖啡。無論處於什麼情境，總是可以做一點事情，創造讓彼此全然存在的環境。

我們也需要對自己坦誠：我真正準備好聆聽了嗎？我的內在有足夠的空間嗎？如

果沒有調校好聆聽的心態，向對方說清楚會比較好，可以改約其他時間深度聆聽。說話者和聆聽者之間能夠相即：當有人真正聆聽我們，當我們真正覺得被聽見，瞬間就能完全表達內在的想法。如果對方不是真的開放、慈悲地聆聽，我們也感覺得到。

我注意到，與關係親密的人深入溝通非常困難。不過和對方出去散步，問一些問題會很有用，譬如：「你到底感覺怎麼樣？」或「你現在最擔憂的是什麼？」甚至問：「我對你的瞭解足夠嗎？」有人說，如果你不瞭解一個外向的人的感受，那是因為你還沒去聽；如果你不瞭解一個內向的人的感受，那是你還沒去問。一個奇怪的現象是，有時講話最大聲的人覺得自己最少被聽見。

在我還是一名年輕記者時，有一位和我同組的同事是獨居者。他每天衝進辦公室，一邊怒罵交通問題、當天的頭條新聞，或是他在樓下大廳碰見的政治人物。大多數同事連頭也不抬，以非常英國人的方式，機械性地在位子上回一聲：「早安！」然後繼續工作。我也曾經這樣，但作為最年輕的記者，他們安排我坐在他的辦公桌旁邊，要忽略他並不容易。我記得有一天，這位同事非常憤怒，詛咒、怒罵了超過十分鐘，讓我無法專心工作，對我造成了影響。但他是我的上級，我不能叫他安靜下來，而我還有工作需要完成，沒辦法放下工作出去走走。然後我忽然想到，或許嘗試聆聽是一個好主意。

我把椅子轉過去面向他，百分之百專注地聽他講話，隨著自己的呼吸，保持平和、開放，直視著他。最初，我發現他有些驚訝，想不到有人真的在聽他講話。數秒鐘之後，我看到他的臉充滿孤獨和沮喪，與他身處的黑暗呼應。我發自內心寄予同情，我坐著一邊聽他講話，一邊呼吸。過了幾分鐘，他卻發火了，說：「妳在聽什麼？回去工作！」但他很快又改變語氣：「我去泡杯茶，妳要嗎？」然後走向廚房。從那時起，只要他開始怒罵，我就把椅子轉向他，他也隨之安靜下來。有時候，即便我們以為自己希望有人聆聽，卻沒有準備好被聆聽。

管理憤怒

有些人認為憤怒是一種能量，認為我們應該運用這種能量去爭取公義和社會平等。當然，憤怒的力量巨大，關鍵是我們能否**控制**它。生氣時，你未必能夠保持頭腦清醒，你冒著對自己和世界造成傷害的風險。但是，如果你懂得轉化憤怒為慈悲，你還是掌握非常強大的能量之源。有了慈悲的能量，人們可以為了拯救他人而犧牲自己，無所畏懼，就像母親犧牲生命拯救孩子。慈悲是比憤怒更好的能量，就像太陽能比核能更好。修習正念不是為了對抗或壓抑憤怒，而是去識別、擁抱憤怒，並逐漸將之轉化為慈悲。這需要一些訓練才做得到。

學習在強烈的情緒升起時適當處理，是修習愛語的成功之鑰。慈悲是憤怒的**解藥**，兩者密不可分。心懷慈悲就不會憤怒，還能恢復溝通並和解。不僅和自己溝通起來更容易、更瞭解自己，與他人溝通也順暢許多；憤怒則會阻礙溝通。

我總是忠告伴侶們，每次另一半惹你生氣，請回到自己的呼吸、正念步行，同時擁抱憤怒並深觀它。持續數分鐘或幾小時後，就能轉化憤怒。如果做不到，必須讓對方知道。試著平靜地說：「我想你知道我在受苦，我真的不知道你為什麼做這樣的事、說這樣的話。」如果無法平靜地說出口，請把想說的話寫下來。

然後可以說：「請你明白，我已經盡力了。」意思是：「我生氣的時候，會避免說氣話或意氣用事，因為我知道那只會製造更多的痛苦。我已經盡力去擁抱痛苦並深觀它。」你讓對方知道，你已經嘗試去瞭解憤怒是否也出自**自己的**誤會、錯誤想法，或是缺乏覺察。

第三句話你可以說：「我需要你的幫助。」一般人生氣時通常不會這麼說，反而會說：「我不需要你的幫助，離我遠一些。」但如果主動提出：「我需要你的幫助。」這意謂「我需要你幫助我克服憤怒」。我們存在的品質非常重要。你可以自由地分享內心的一切，但表達方式必須讓對方願意聆聽，並且聽得進去。假使咄咄逼人、指責對方，就無法傳達訊息了。表達是一門藝術。如果仍在發怒，有太多責備和想懲罰對方的能量，只會加大對峙的力道。因此，寫一張小字條，**真切地**邀請對方恢復真正的溝通，表示你準備好去聆聽，也準備好去理解。

不憎恨的藝術

在衝突中，很多時候我們相信只有當對方不再存在，我們才能平靜，才能幸福。

我們被消滅對方的欲望所驅使。但是透過深觀，我們知道，當我們受苦，對方也在受苦。我們希望有機會生活在和平、安全的地方，我們也希望對方有機會生活安穩。

一旦把對方容入你的心，有了這樣的意願，你的痛苦就會減少。這時你可以詢問對方：「我要如何讓你感到安全？如何讓你感到平和，有保障和機會？請告訴我。」當你能夠問對方這些問題，情況很快就會改變，而且是很深的改變。但要有這樣的轉化，首先必須在你心中發生改變：**接納**對方，給對方機會。有了這樣的意向，你的痛苦會立刻減少，不再有想要消滅對方的欲望。

只要仍視對方為敵人，我們便決心要贏、要懲罰他們；他們愈是受苦，我們愈高興。帶著這樣的想法，必定會輸。佛陀教導我們，首先要贏了**自己**，意思是，要從怨恨、憎恨和錯誤認知中解放出來，我們必須先戰勝自己的心。勝利不是指戰勝讓我們受苦的人，而是戰勝內在的無明和怨恨。我們或許會認為自己無可指責，因為所有苦難都是對方造成的，但這並不正確。我們也要為苦難負上一點責任。如果深入觀察，就能看到這一點。如果我們還是無法看到自己的責任，可以請別人幫忙。

被稱為「恐怖分子」的人，心中有著巨大的怨恨和仇恨，深受其苦，讓仇恨驅使他們的行動。但這並不意謂沒有被稱為「恐怖分子」的人就沒有仇恨。哪一方**沒有**仇恨？哪一方**沒有**誤解？

我們或許自認是正義的一方，走在正確的道路上，沒有憎怨、沒有仇恨，是另一群人對文明或世界的安全構成了威脅。我們為彼此貼上「破壞者」的標籤，互相抗爭，甚至以神、民主、自由或文明之名殺害對方。我們需要用理解之劍，把自己和對方從標籤中解放出來。這是前所未有的迫切需求。

在法國梅村，我們曾經邀請巴勒斯坦人和以色列人跟我們一起修習。開始的時候，我們非常困擾。兩組人到達時，無法看著對方，無法和對方交談，因為雙方充滿憤怒、恐懼和懷疑，內在有著許多痛苦。所以頭一個星期，我們讓他們分開住，帶領他們修習正念呼吸、正念步行，幫助他們撫平內在的痛苦，擁抱痛苦，指引他們去接觸內在或周遭的生命奇蹟，藉以得到所需的滋養。

第二個星期頭幾天，他們學習深度的慈悲聆聽和愛語：我們邀請其中一組講出自己的痛苦，而另一組修習深入聆聽。經過這樣的修習，在第一階段大家已經減輕了痛苦。慈悲聆聽時，你會察覺對方也像你這邊的人一樣在受苦。當你首次發覺他們也是衝突、錯誤認知的受害者，內在便升起理解和慈悲。你在生命中第一次看到，他們跟你一樣也是人，和你一樣遭受這麼多苦難，這時就有可能相互理解和溝通。之後大家得知，自己也有機會訴說痛苦、困難和絕望，而另外一組將會聆聽。修習慈悲聆聽，能消除許多憤怒、猜疑和恐懼。

越戰期間，美國派遣了五十萬士兵到越南，殺了很多越南人。他們摧毀我們的村莊和兒童。這場戰爭導致大約五萬名美國士兵在越南死去，數十萬士兵返國後患病，需要接受心理治療。我倡導的修習不是去痛恨到越南打仗的美國士兵，因為他們也是缺乏慈悲和智慧的政策的受害者。當我們到美國帶領禪修營，我們特別為美國的退伍軍人舉辦禪修，幫助他們療癒，展開新生活。他們之中有很多人返回越南，修補他們在我們國家造成的破壞。

原諒是可能的，這是我自己的經驗。我經歷了很多不公義和困苦。我也經歷了戰爭。人們曾經對我、對我的人民及祖國不公。但是慈悲和原諒是有可能的。當我們**看到**讓我們痛苦的人同樣在受苦，當我們理解他們的痛苦時，心中就生起了慈悲，也具備原諒的能力。

佛陀體現的愛的品質，我們也有機會獲得。用愛和非暴力行為回應憎恨是有可能的。聆聽和愛語可以改變人們的思考方式，所以不需要去殺害。我們不需要殺害恐怖分子，因為讓他們成為恐怖分子的是仇恨、恐懼和憤怒。如果我們能坐下來深度聆聽，就能幫助他們轉化憤怒和恐懼，他們也不再是恐怖分子了。要消除錯誤的認知，只能透過對話，也就是深度的聆聽和慈悲的話語。

【獻嚴法師】

改革而不憎恨「對方」可能嗎？

一九六七年三月二十五日，金恩博士和老師首次會面的數個月後，他們在芝加哥市中心一同參加遊行，反對越南戰爭。那天他站在一幅橫布條下，那幅橫布條用英文和越南文寫着：「人類不是我們的敵人。如果殺了人類，我們應該與誰共處？」老師和金恩博士有著同樣的洞見：其他人不是我們的敵人，我們的敵人是憤怒、怨憤、仇恨、恐懼和歧視。藉著深觀這樣的智慧，老師、真空法師以及越南的年輕社工，能夠在戰爭中保持中立，不偏向任何一邊。

「不恨敵人」是非常深邃的精神修習。金恩博士曾說，如果我們具備足夠的靈性和道德，就能以愛代替恨。「去愛做了惡事的人，同時去恨所做的惡事。」作為禪修者，我們訓練自己具有這樣看待事情的態度，能夠面對不公義而不憎恨。每個人的生活中都需要發展心靈層面，因此老師說，我們不該允許靈性被特定的一方獨占。但老師也說，有時確實會發生「某一方獨占神，把神『劫持』到分裂、仇恨、歧視和排斥的方向，並嘗試指出另一方違背了神的意願。」這個世界現在最需要什麼？老師說：「慈悲的神、不歧視的神、寬容的神和仁愛的神。」愛讓我們走得更遠，瞭解到仇恨、憤怒及歧視也不是敵人，而是**能量**，可以在我們的內在被擁抱並轉化。

有了相即和無常的智慧，我們瞭解到，一個人**不僅僅是他們的想法**；他們不是自己認同的「那一方」。我們或許不贊同周圍的人的政治立場和想法；這些人可能就在辦公室、團體或自己家裡。一個看法多半是片面而非絕對，會改變，也是無常的。如果一個想法出現在一個人的腦海，那是因為某樣東西在「餵養」這個想法。就如老師所說：「沒有東西能在缺乏食糧的情況下生存。」一個想法受到演算法和搜索結果的餵養，也受到動態消息、點擊次數的餵養。我們的挑戰是訓練自己看到，這些想法（包括自己的想法）都是有限制、無常、可能改變的。

面對兩極化的社會，這個問題變成：我們如何跨越分歧，產生成熟的對話？我們如何進行真正的溝通？我們如何更重視人道？這取決於我們的聆聽能力，以及能否培養開放的態度並放下自己的觀點。老師的教導在這方面非常有力，按照相即的原則，我們不能有右而沒有左。關於觀點和對話，我們採取的角度應該是：我們的定位與對方的定位有關，我們的定位相即。「在真正的對話中，」老師說：「雙方都有改變的意願。」意思是，我們準備好放下自己的看法。

我們也許會跟對方說：「你先改吧！要是你不改，我也不改！」不過按照相即的智慧，我們知道自己的行為和開放的態度已經改變了情況。我們面臨的挑戰是，對自己觀點的限制保持謙卑，對新事物保持開放，並且真正希望知道對方為什麼會有這樣的想法。在梅村，我們願意尊重他人的不同之處及其選擇，尊重思想自由，但會學習以愛語和慈悲對話幫助他人放下並轉化盲信和狹隘的思想。我們或許需要耐心才能理解對方。如果一開始就認為「我是對的」、「你是錯的」，要如何達到深層的理解呢？

我們必須想辦法避免即時做出反應，打開自己的心，才能看到眼前的這個人，以慈悲和希望理解的意願，去理解對方最深層的恐懼、痛楚和憂慮。我們提醒自己要珍惜這個人，即使不同意他的觀點。如果無法讓所有人參與對話，就沒有辦法成功解決世間的問題。

改變的催化劑

克莉絲汀娜・菲格雷斯（Christiana Figueres）是二〇一五年《巴黎協定》的締造者。她展現出，這些教導有可能實踐，最困難的情況也可以轉化。克莉絲汀娜是老師的學生，她把老師的教誨應用在工作上，包括相即、深度聆聽，以及個人自省等。儘管困難重重，她在《巴黎協定》的努力結果非常成功，共有一百九十五個國家簽署了這份協定。她說，老師的教導幫助她「在協商過程的危急關頭，保持非凡的平靜」。如果沒有這些教導，她就不會有「內在的耐力、深度的樂觀、啟示和奉獻」，度過這些難關。

我第一次見到克莉絲汀娜，是在召開那個會議的前夕，她在巴黎一間教堂的舞台上，和一名身穿紫色長袍的主教愉快地跳舞。在這個會議上，不同信仰傳統的領袖們齊聚一堂祈禱，並且期望在氣候正義的全球聯手行動中，加強道德責任。我們的團體受邀帶領禪坐。當時沒人知道這個會議會不會成功，但我們知道在那個下午，世界各地的領袖將搭機抵達，或許，奇蹟會發生。

就在克莉絲汀娜跳舞之際，我慢慢走過擁擠的側走道，經過保安人員，在那裡等她。十八個月之前，老師叮囑我代他給予克莉絲汀娜支持、鼓勵和關愛。老師不久前中風，無法到會議現場，我們十多名僧尼組成了代表團代表他出席。克莉絲汀娜步下台時，我雙手合十迎接她，並張開雙手擁抱她，說：「這是來自老師和我們所有人的擁抱。我們為妳在此。」我不知道我們擁抱了多久，我們感受到當時的眼淚和正念呼吸，跨越了時間和空間。遇到艱難任務時，我們需要所有能夠獲得的精神力量。

克莉絲汀娜形容自己是個固執、腳踏實地的樂觀主義者。對她而言，樂觀不是預期一個確定的結果，而是**選擇以**樂觀的**能量**去面對氣候危機的挑戰。無關結果，而是這種能量本身就能改變結果。這是方法與目的深刻相即。

克莉絲汀娜解釋：「你成為一個樂觀的人，因為你知道不得不然。在歷史與人類處於難以置信的轉化時刻，**所有人**都有這個神聖的機會，成熟地處事，真正的活出生命。」在推動《巴黎協定》的過程中，克莉絲汀娜明白到：「如果你無法掌控眼前挑戰的複雜情景，最有力量的舉動，就是改變你在那個情境的行為，讓自己成為整體改變的催化劑。」

克莉絲汀娜描述，她在氣候會議中運用的技能，深度聆聽和真誠最被低估，卻最有助於扭轉乾坤，「未曾理解問題，你無法獲得解決方案。只有尊敬每個人的差異，選擇去理解坐在桌子對面的人的需要和痛苦，才能獲得有效的解決方案。」她說：

> 我不得不說，在走向《巴黎協定》的路上，我們需要利用許多硬技能。對我而言，最有力量的『軟技能』是深度聆聽。我們幾乎走遍這個世界的每個國家（與領袖們和氣候協議參與人士晤談），大多時候都是帶著疑問而去。我們不是要告訴對方他們應該做什麼，而是透過深度聆聽去理解他們的背景，藉此打開共同的基礎。不去聆聽，你不可能有這樣的基礎。

這是我最有力量的個人成長經驗。我們總是認為別人的經驗只是他們的經驗，但只要真的深入聆聽，我們很快就會知道，基本上我們都是人，對方的想法、情緒、恐懼、焦慮及悲傷，都在我們內心的某一處。或許是有膚色、語言的不同，但情感是一樣的，我們的情感是人類的情感。當有人說出他們的傷痛，我們會感受到自己內在的悲傷，接觸到它並得到療癒。深度聆聽讓我們與對方同在的體驗呈現完全不同的特質，因為彼此的脆弱相遇，也因為共同的脆弱有了連結。一旦你和另一個人能如此溝通，你們的關係就進入完全不同的層次，從此你們能夠商討任何重要的事情，你們的關係已經在此扎根。

全然的智慧和愛的幅度

克莉絲汀娜還發現，老師的教導超越了「受害者」和「迫害者」的觀念，這對於在協商過程中解決問題，有非常大的影響。生命中，她發現許多人跟她一樣，把自己看作是某種情境的受害者，就她而言是艱辛的童年和婚姻。在靈性修習中，她反思這些問題，她覺知到：「如果我為自己貼上受害者的標籤，我很快也會為另一個人貼上迫害者的標籤。」隨之，被你視為迫害者的人會轉向你，在你覺察之前稱**你**為迫害者。你因此坐上了迫害者－受害者的蹺蹺板，對你而言每個人都是受害者，每個人都是迫害者。「根據不同的時段、不同的場景、不同的人，你是受害者或是迫害者。」克莉絲汀娜在談判過程中看到這些現象。「發展中國家是氣候變化的客觀受害者，但是他們無須停留在那裡。我們可以走出迫害者－受害者的互動關係。」人們可以接受歷史的責任，同時接納「一項前瞻性的共同責任，一起面對地球的未來，以及人類在地球上的未來」。正如克莉絲汀娜逐漸跳脫迫害者－受害者的模式，她發現協商的方式也有了轉變。

以慈悲對待不同立場的人，扮演了重要的角色。美國富有的工業家科氏兄弟(Koch brothers)從生產石化燃料獲利，並反對為氣候變化立法。當克莉絲汀娜被問到她對科氏兄弟能否一視同仁地付出愛，她很勇敢地說：

> 困難就在於：我們不能成為例外論者，我們不能這樣。他們令我很憤怒，但不能

消除我對他們精神上的愛，因為他們也存在於這個世界。我的挑戰是將我的愛的幅度擴及身邊的人、所愛的人、同一領域的人，但也要擴及那些我不贊同、不曾謀面之人。我與科氏兄弟有過非常美好的交談，即使是他們的內在也有美好的事物。一旦你開始參與指責的遊戲並妖魔化一個人、一間公司或一個部門，你已經輸了這場遊戲。當你開始那麼做，便墮入另一個層次，很難再脫身，因為那是個有贏有輸的地方。那不是我想努力的地方，我想在一個所有人都贏的地方衝刺。

克莉絲汀娜相信，所有人都能對嶄新的未來有所貢獻，每個人都能被聽見，每個人都能被接納，每個人都能贏。這是金恩博士的願景——「摯愛社群」；在那裡，即便是敵人，也會被接納。克莉絲汀娜堅持每個人都能貢獻一己之力：

這不是指權力能「駕馭」一切，而是權力「能做什麼」——可以成為改變的力量、良善的力量。這不是關於「擁有」的特權，而是存在的特權：作為人，為人類服務的特權。我們還有什麼更好的特權？我們共同擁有的特權是，生活在此時、在這個非凡年代身而為人的特權。深入探索自己的脆弱，我們會更人性化，這是我們互相連結之處，接著幡然醒悟，權力真正的所在之處是改變的力量，以及進步和合作的能力。作為人類的一員，我們相遇並攜手合作、並肩同行，因此能走得更快、更遠。

把療癒帶回家

有些父母覺得自己是失敗者，覺得生命對他們不公平，或是幼年曾被傷害過，有了陰影。他們的內心充滿沮喪、怨氣及憎恨，由於不懂得轉化內在的暴力能量，更持續讓彼此或子女受苦。子女承受暴力卻不敢對抗，累積了來自父母的暴力後，一有機會就發泄出來。無數的家庭裡，都是溝通受阻的局面：沒人懂得聆聽，誤解愈來愈多，以致所有人都在受苦。如果我們不懂得轉化內在、家庭和這一代的暴力能量，我們會摧毀自己的未來。

修習深度聆聽及愛語，能幫助我們的父母、兄弟、姊妹、愛人或伴侶。我有許多年輕朋友修習正念，能夠擁抱、療癒並轉化自己和父母的痛苦。這讓我相信我們還有出路，無須恐懼。我們還有出路，只需並肩同行。

你可以用平靜、真誠和關愛的語調說：「爸爸、媽媽，我知道之前你們經歷了很多困難，有很多傷痛還無法表達出來。我沒能幫助到你們，反而讓情況更糟糕。我現在知道了，我道歉並承諾從現在起，我將停止抱怨或挑釁。我想做些什麼來減少你們的痛苦。爸爸、媽媽，請告訴我你們現在怎麼樣了。我想瞭解你們的難處，什麼讓你們心力交瘁？我也有一些事想跟你們分享。以前我不夠細心，不夠主動也不善巧。請幫助我，讓我不再犯同樣的錯誤。我有好多事想要做，但是還沒有機會做。我想做正確的事，讓你們為我感到驕傲。我需要你們的幫助。請告訴我，我做錯了什麼、哪些事情做得不夠善巧？我承諾我會聆聽，不再像以前那樣反應。請幫助我。」當你這樣表達，你就是觀音菩薩，準備好慈悲地聆聽。

要成功溝通，必須全心全意地投入。當你的父親覺得**可以**和你講話時，他未必懂得說愛語，因為他沒學過。他的言語之中充滿苦澀、憤怒、埋怨或指責，但是你隨時提起慈悲心，便受到慈悲的保護。無論他講什麼，不要失去耐性或打斷他，或是指出他講話內容的錯處。因為這會讓他沮喪，讓他封閉起來，重新引發爭論。你提醒自己：「從現在開始，我只是聆聽。晚一點有時間，再告訴他發生了什麼事，讓他改正錯誤的看法。現在就只是聆聽。」如果聆聽的過程中，能時時提起慈悲心，你就成功了。

如果父母親不想講，可以柔和地說這些話鼓勵他們：「爸爸，我不知道你經歷過這些困難時期。」或者：「媽媽，我不知道妳經歷過這麼多苦難。」

多虧深度聆聽的修習，成千上萬的父母能夠和孩子和解。如果有人能聆聽你一個小時，你會感覺好多了，彷彿剛服下適當劑量的維他命。未來事情平靜下來，可以在適當的時間提供父母更多資訊，讓他們瞭解到底發生了什麼事，藉以修正錯誤的認知。這些事情急不來，每次給一點資訊就好，讓他們有時間接受並消化相關訊息。如果你不耐煩，想一次說清楚，他們反而會無法面對。慈悲總是與耐心同在。

療癒的語言

一旦成功聆聽父母的心聲，可以詢問他們是否願意花點時間來聆聽你。你可以將沒有機會說的話組織一下。你有權利和責任說出內心最深層的東西，包括困難、傷痛和夢想。只要回到正念呼吸，擁抱強烈的情緒，便能用善巧和容易理解的話語表達出來，目的是幫助對方修正錯誤認知，瞭解你的痛苦、困難、不公平的對待，或是夢想。以愛語表達，能幫助對方更容易接收訊息。我們談及自己的痛苦、困難和夢想，不帶抱怨、指責或控訴，也沒有苦澀或嘲諷。我們可以請求對方支持，不要在聆聽期間打斷我們，我們才有機會分享心中的一切。

我相信你做得到。我們受苦時，常會講一些話傷害自己和在乎的人。但是愛及善巧的語言，能讓我們停止互相傷害並開始療癒。言語不用花一分錢，但可以帶來希望、加強我們的愛、重建溝通，帶我們走出傷痛與沮喪的深淵。只需一些友善和愛語，就能為許多人帶來快樂和幸福，包括你自己。我嘗試這麼做，也確實成功了。我有很多年輕的朋友也成功做到了。不要以為要有錢或有權，才能幫助他人；光是愛語，就能立刻幫助到人。

你也應該帶著愛和自己對話。我們很多人幼年受了苦，很多傷口尚未痊癒。你可以友善地和自己說：「我受傷的小孩，我知道你在我之內，我很抱歉，因為之前太忙，沒時間回頭照顧你。現在，我為你在此。」以正念呼吸陪伴內在小孩，幫助他療癒，這是禪修，也是迫切要做的事。我們可以和他說：「你看，我已經長大，不再像從前那麼脆弱。我能夠保護、捍衛自己。」告訴自己的內在小男孩或小女孩：「不要害怕，讓我們出去享受陽光、美麗的山丘和樹木，不需要躲藏。」這是能夠療癒的禪修方法。我們的內在也許還有許多恐懼，習慣退縮，我們需要「回家」，和內在的小男孩或小女孩講講話，並邀請內在小孩與你一起享受當下時刻，這是做得到的。只需這樣修習幾天，你就可以和內在小孩溝通並得到你需要的療癒。

學習溝通之道

【獻嚴法師】

擁抱強烈的情緒和憤怒，確保我們的言語不再製造更多傷害，是一門藝術。訓練自己將憤怒或盛怒的能量轉化為猛烈的慈愛，來支持行動，不致身心透支，這是可能的，但不易做到。有時，我們需要去跑跑步，向天吶喊，悲傷落淚，才能消除憤怒。

這些都沒問題。我們生活在一個艱困的時代，幸而有靈性的修習和集體的支持，我們可以用慈愛的方式挺過這一切。老師也寫過一本講憤怒的書，這多少讓我們感到安慰；憤怒是老師非常熟悉的感受。老師的生命顯示，把憤怒的能量轉化為智慧及慈愛的行動是做得到的。

這一章讓我們瞭解，深入、慈悲的溝通，並非為了協商各種需求，或是為了維護特定立場。以禪修的全然智慧，我們覺知到自己是無常的，我們的觀點及立場也是無常的，而我們與他人相即的事實是很難磨滅的。當我們展開對話，保持開放的態度與好奇心，隨時放下或調整自己的觀點，至關重要。我們無法從你我之間，或自己的轉化與現狀的轉化之間，畫出一道明顯的界限。這也是為什麼真正的溝通是可能的，即便是看似最無法溝通的狀況。

以下是愛語和深度聆聽的正念修習。你或許想慢慢閱讀，沉思一下這段文字如何在你開啟勇敢與慈悲對話的旅程中，給你帶來挑戰或啟發。

正念修習：愛語和聆聽

我覺知到說話缺乏正念和不懂得深刻聆聽帶來的痛苦，我承諾學習愛語和慈悲傾聽，為自己和他人帶來快樂，減輕痛苦，為個人、種族、宗教和國家帶來和平，促進和解。我知道說話能帶來快樂，也能造成痛苦。我承諾說話會真誠，並且使用啟發信心、喜悅和希望的話語；當我感到憤怒時，我會保持沉默。我會修習正念呼吸和正念步行，來察覺、深觀憤怒的情緒。我知道憤怒源自錯誤的認知，以及對自己和他人的痛苦缺乏理解。我願使用愛語和深刻聆聽，幫助自己和他人止息痛苦，找到走出困境的路。我絕不散播不確實的消息，也不說出會導致家庭或團體不和的話語。我將修習正精進，培養愛、理解、喜悅和包容，逐漸轉化深藏心識內的憤怒、暴力和恐懼。

真愛真實存在嗎？

愛是燃料

有了慈愛，我們的心燃燒起來，便有了生命力和力量去做我們想做的事情。慈愛是菩薩的能量，菩薩誓願成為世界上和平、慈悲、幸福的工具。慈愛能夠滋養並療癒，幫助我們保護環境和地球。慈愛與覺醒、開悟同在。理解是愛的重要基礎，是愛的另一個用語。只要能夠理解，就已經能夠去愛。頭腦和心有著非常密切的連結。

在梅村，我們說，愛意謂著為自己、為生命及大地的美妙而在。只要你真正存在，就能夠為你所愛的人存在。如果你不在此，你要如何去愛？你的真正存在就是禪。而禪修就是真正的存在，深觀、認可周遭的人和神奇事物。當我們認可其他人的存在，他們快樂，我們也快樂。有時候，我在圓月的夜裡行禪，仰望月亮微笑，我會跟月亮說：「月亮，謝謝你在此。星星，謝謝你在此。」我認可它們的存在。

如果我們以非二元的眼睛觀看，我們的心就能和地球的心建立密切的關係。當我們看到美麗的地球不是惰性物質，而是活生生的生命體，內在會立刻生起一種連結、一種愛。我們仰慕地球、愛地球，並且渴望連結。這是愛的意義——成為一體。當你愛一個人，你想告訴對方：「我需要你，我想皈依你。」這是一種祈禱，不是迷信。你愛大地，大地愛你，你把自己托付給大地，你知道她不會背叛你。你可以為大地的福祉做任何事，大地也願為你的幸福做任何事。這樣的聯繫源於正念。你覺知到你是大地的**孩子**，大地在你之內。大地母親不在你**之外**，她在你**之內**。大地之母不只是周遭的環境；你就是她的**一部分**。這是一種相即、無分別的智慧，可以幫助你真正與大地相伴。

但我們有些人覺得很難愛上大地，甚至厭倦大地。我們不滿、抱怨或責備大地讓我們來到這個充滿苦難的世界。我們或許會希望從未誕生，或者希望在其他地方誕生。但是透過深觀，我們可以克服所有痛苦和不滿，認識到大地和我們的真正本質。

在大地之內

大地在我們之內，而我們已經存在大地之上。無須等到死亡才回歸大地，我們需要的是學習如何皈依大地母親——這是療癒和滋養自己的最佳方法。我們做得到——如果懂得讓大地**存在**於我們之內和周遭，覺知到**我們就是大地**。我們不用做很多事情，其實無須做任何事，就像我們在母親的子宮裡，無須呼吸、無須進食，因為母親為我們呼吸、為我們進食。我們不需要擔心任何事情。

坐著時，你也可以這樣做，允許大地母親為你而坐；呼吸時，允許大地為你呼吸；行走時，允許大地為你行走。無須用力，讓她去做所有的事，她曉得該如何做。你無須嘗試做任何事，無須掙扎著想辦法安坐，無須嘗試吸氣和呼氣，甚至無須嘗試安靜下來。允許大地為你做一切事情。讓空氣進入肺部、流出肺部，我們無須用力吸氣或呼氣，就讓大自然、大地為我們吸氣和呼氣。我們只是坐在那裡，享受吸氣和呼氣。呼吸存在，但沒有「你」在吸氣或呼氣。我們不需要有個「你」或是一個「我」去吸氣或呼氣。吸氣和呼氣會自行發生。請嘗試！

允許自己坐著，讓自己成為自己，不做任何事。只是安坐，無須用力坐禪，你自然而然會放鬆。你知道嗎？只要能放鬆，療癒就會開始運作。沒有放鬆就沒有療癒。所以吸氣時，不是「你」在吸氣，你只是享受呼吸。吸氣、呼氣，感受療癒在發生，允許你的身體被療癒、被更新、被滋養。在禪修中，我們稱之為「無修之修」。

如果我們懂得無修之修，就無須用力或爭鬥，只需允許身體療癒，允許心療癒。無須做任何事，就讓自己放鬆，釋放體內所有的緊張和心裡所有的擔憂和恐懼。無論在坐禪、行走、躺著、站著，讓自己被大地承托，允許大地和太陽擁抱你、療癒你。只是享受安坐，沒有事要做、沒有地方要去。如果你能這樣坐半小時，就得到了半小時的療癒；坐一小時，就有一小時的療癒。這是可能的。不要用力，單純讓自己皈依大地母親；她懂得怎樣做，她會為你完成一切。

渴求愛

所有人都渴求平靜、理解和愛。我們也許四處漫遊，尋找能給予我們愛的人，但一個人都沒找到。如果我們無法滿足自己對愛的基本需求，無論多想幫助社會或這個世界，都無法實踐自己想做的事。

在關係之中，無論是父子、母女或是伴侶之間，我們都期待對方給予我們三樣東西：一些內在的平靜、一些理解，以及一些愛。如果對方無法提供這些，這段關係就沒有達到我們的需求，我們就會因此受苦。那麼應該怎樣做？我們可以問自己一個問題：**我**如何產生平靜、理解和愛的能量？

我們所愛的人也許正在受苦。他們有痛苦，也有夢想和抱負；如果我們無法明白這種種，就無法給對方第二樣東西：理解。我們如何以適當的愛滋養、餵養他們？為了愛其他人，我們必須先理解自己的困難和痛苦。

你想愛自己，卻沒有**時間**關愛自己、照顧自己的身體和感受。如果你沒有時間愛自己，要怎樣去幫助他人呢？你應該如何去愛？你在日常生活中所做的一切都是愛的行為。當你在電腦前工作了一小時，你會花時間停下來，回到身體並享受呼吸嗎？這是與自己和好的行為，也是愛的行為，給予你強大的力量。修習正念步行或是深度放鬆來釋放身體的緊張，也是愛的行為。我們可以用非暴力、柔和的方式與自己和解。

你可以靜靜地對自己說：「親愛的身體，我為你在此。」你與身體和解，也就與自己和解了。關鍵是：「為了去愛、去服務、去療癒社會，我有用足夠的時間照顧並療癒自己嗎？」

如果有些行為和習氣連自己都難以接受，就很難愛自己，也會對自己產生憎恨或憤怒。如果是這樣，禪修時需要花一些時間深觀自己的行為，辨識產生這種行為的種子。這顆種子可能來自你的祖先。你的父親、祖父或曾祖父的能量，也許和你一起採取了那項行為；也可能是你的母親、祖母或曾祖母。要記得，你是由非你的元素所組成，這一點非常重要。也許某部分的行動種子在這一期生命種下，有些則是久遠之前已經種下。所以當你觀看自己的行為，無論是善、不善或中性的，請在「無我」之光中觀照。

有時，習氣推使我們做一些事情或說一些話，我們不想這樣做卻無法控制。有時，我們甚至沒有意識到自己正在這麼做。這種習氣或這顆種子比我們更有力量。修習正念，你便有機會覺知到這一切，這很有趣。如果你有足夠的好奇心，能夠深觀、心繫一境，就能看到這項行為的根源。如果你認知到這個行為對自己和這個世界沒有益處，你會下定決心不再重蹈覆轍。這樣做，我們就不只是為自己修行，而是真正為所有的祖先和下一代修行，為全世界修行。

愛無邊界

愛的本質是包容，沒有分別。如果在愛之中仍有分別，這不是真正的愛。佛教說：愛無邊界——四無量心。

真愛的第一個元素是慈（梵文 maitrī）。「慈」是給予快樂的力量。如果愛沒有帶來幸福，就不是真正的愛。「慈」不僅是予樂的**意願**，還是予樂的**能力**。如果愛帶來了幸福，那便是真愛。你需要看看在你的關係裡有沒有「慈」。也許有，但弱了一些，需要你助它滋長。愛需要培養。

真愛的第二元素是悲（karuṇā）。「悲」是拔苦、消除痛苦的能力。我們需要看看自己的關係中是否有「悲」——舒緩及轉化痛苦的能力。如果我們的友誼、愛等關係中有「悲」，這是真愛。但如果我們的愛不單沒有減輕痛苦，反而令我們更難過，那就不是真愛。

「悲」具有療癒的力量，這種力量永不嫌多。有些心理學家談到「同情疲勞」，但如果有人耗盡了「悲」，那是因為他們不懂得持續升起「悲」。「疲勞」不是來自過多的悲，而是因為耗盡了悲。悲是一種力量，是我們每天可以持續培養的能量。幫助他人的同時，總有辦法利益自己，這是我們應該學習的。就像前院的那棵樹，全心全意成為一棵健康、清新的樹，都是為了利益這個世界。同樣地，你盡己所能保持自己的「悲心」，也是為了利他。

產生集體悲憫的能量，是我們給予人類及其他物種最好的禮物。「悲」只能是由「非悲」的元素構成，所以善用「非悲」的元素如恐懼、憤怒及沮喪來**產生**「悲」，是這門藝術的關鍵。也就是說，如果懂得處理我們在這個世界面對的痛苦，就能把它轉化為「悲」和愛。

第三項真愛的元素是喜（muditā）。真愛總是能為我們和對方帶來喜。如果我們的愛令自己每天哭泣，這不是真愛。愛應該帶來喜悅。我們可以向所愛的人確認：「我們的愛帶來喜樂嗎？」愛意謂著為你所愛的人**存在**。我們不需要買些什麼為他們帶來喜樂，我們只需要給予自己全然的存在。

真愛的第四個元素是捨（upekṣā）。我們不再排斥任何人，而是包容所有人。我們的愛利益每個人，不僅是某個人。你和你愛的人是一體的。你的痛苦就是他們的痛苦；他們的幸福也是你的幸福。你不能說：「那是**你的**問題。」不再有個人的幸福，也不再有個人的痛苦。這便是「無我」的意義。

有一天，佛陀左手拿著一缽水，右手取了一把鹽。他把鹽放到水裡並問他的弟子：「賢友，你認為你能喝這水嗎？它太鹹了！但如果你把這些鹽放進河水，河水一點也不會鹹，千百人都能繼續喝河裡的水。」

心量很大、慈悲深廣的人，不會再受苦。會讓別人受苦的事，此人不以為意，就像一把鹽能令一缽水變鹹，但不會影響一條河流的水。當我們的心量小，應該先照顧自己的痛苦，然後培養悲和捨。

我願幫助佛陀，增加兩項真愛的元素：**信任**和**尊重**。當然，這兩項元素已經包含在四無量心當中，但是要讓它們更顯而易見，需要特別提出來。當你愛一個人，必須要有信任，也要有信心。缺乏信任的愛，還算不上是愛。

你特別需要信任的，是你的佛性，你有覺悟的本性。你相信自己的內在包含整個宇宙；你由星辰組成，因此你尊重自己、敬重自己。當你看到其他人，你看到他們同樣是由星辰組成，是美妙的顯現。他們不僅僅顯現一百年：他們內在存有永恆。

真愛是非常真實的東西：我們能夠辨識它是否存在。我們需要時間和更多的修習來培養它。每個人內在都有真愛的種子，但需要灌溉才能讓種子發芽成長。當我得以培養慈、悲、喜、捨、信任及尊重等元素。愛就在我們的身心湧現。我們充滿了愛。

愛就像光，就像燈泡，只要有電力，燈光就能照耀。愛的光芒，普照一切，沒有分別。這是佛陀教導的真愛：這樣的愛不會令我們受苦，這樣的愛能夠舒緩、滋養、療癒。從愛一個人開始，如果是真愛，它將逐漸包含所有人、所有眾生，而且不僅是人，還有動物、植物和其他物種。

【獻嚴法師】

成為知己的藝術

有一次，尊者阿難從禪修中起身，去見佛陀報告他的心得：「世尊！」我剛才在禪修中這樣想：「如果能有善知識的引導，解脫涅槃的修行，就完成了一半！」佛陀指正尊者阿難說：「不要這麼說，阿難！為什麼呢？因為有善知識的引導，必能圓滿完成清淨的修行。」老師的說法則是：「沒有事物比兄弟姊妹的情誼更重要。」而我們這一代可能會說：「沒有什麼比慈愛、友情和團結更重要。」

我在二十多歲首次來到梅村，聽老師說到願望的力量：發願及承諾以一種特定方式生活的重要性。我們確認自己的理想，把它們放在面前，有意地朝著這個方向實踐。承諾的力量讓我們下定決心，去轉化阻止我們前行的習氣。老師也談到關係之中的承諾：我們要如何互相承諾並投入這段關係，我們不能只是泛泛之交。我們承諾在最困難的時候為對方而在，這是真正的同舟共濟、真正的友情和真愛。

當時我在戀愛，並不明白無常與愛的關係：如果你是無常的，對方也是無常的，你要如何承諾付出？而承諾本身也是無常的？在二十一天的禪修營，我的伴侶和我問了老師這個問題：「根據無常的教導，我們應該如何彼此承諾？」老師微笑，逐個看著我們並問：「你和昨日的你相同嗎？事實是你非相同，也非不相同；你和昨日不相同，但你也不是**完全**不同的人。」

我們自認理解所愛的人，但也許我們不該這麼確定。我們每個人都是不斷變遷的河流：從這個剎那到下一個剎那，我們的身體在變、感受在變、認知在變。我們可能會害怕改變，我們不見得想要所愛的人改變。也許在一些**特定**的層面，我們期望他們改變，但總括而言，我們害怕改變：害怕失去所愛的人，或是失去愛著我們的人。

老師教導我們培養一種智慧：一切都**在**變，而我們的挑戰是讓一切變得更好，而不是更差。他教導我們視彼此為一座花園，那裡有很多植物、花朵和樹木。作為彼此的園丁，我們可以根據需求，提供創造陽光、雨水及遮蔭處的條件。作為園丁，拔除雜草、製作堆肥也是我們的責任。我們的工作是不害怕對方的堆肥，還能轉化它，用它滋養花園，讓花園更美麗。「愛是有機的。」老師說，帶著慧黠的微笑。

得到這個答案後，我們學到最重要的是不要害怕對方的堆肥，也不要企圖遮掩。

我們成了「堆肥夥伴」。修習了傾聽和愛語，我們發現幫助彼此轉化習氣和缺點，是非常愉快卻不容易的任務。我們也學到，即使最初的承諾是有機而活潑的，也需要培育，才能持續成長、轉變，滋養雙方的關係和共同志向。承諾本身也需要成長的食糧、自由和空間。

我記得在倫敦上議院聽到老師演講時，我有多麼驚訝。他的第一句話就是關於愛。我們邀請了政治家和記者，前來聽一場關於正念和道德倫理的演講。老師一開始就直接切入主題：「我們都知道愛是美好的。當愛在我們心中湧現，我們的痛苦馬上減少，開始恢復。」

那天我從老師的講話中學到，我們希望入世的行動和服務中具備的慈悲，與親密關係中的愛並無差異。慈悲不是一項專業技巧，也不是我們能工具化的東西，說服自己：「啊，如果我有慈悲，就能有效地獲得我想要的東西。」真愛比這更寬廣，這股力量能同時改變愛人的人與被愛的人。真愛是慷慨、包容及原諒。

如果我們的關係裡沒有平和，就無法在蒲團上獲得平靜。為了安坐，我們需要對自己有一定的柔和、接納和友善，進而延伸到周遭的人及我們的地球。這是克莉絲汀娜所謂的「愛的幅度」。我們希望擴大這個幅度。但有時候，最難到達的地方是我們的心、孤獨和自我評判。要如何讓光和愛進入我們的心？

慈心觀

在佛教傳統中，修習慈心觀應首先以自己為對象。佛陀教導的這種對自己慈悲的修習，簡單而有效，不難修習。開始時，把注意力放在我們真正想要的。我們必須**知道**自己最想要的是什麼。佛陀建議我們深觀：

> 願我安詳、幸福，身心輕盈。

如果我們身心不輕盈，怎麼可能幸福？如果身心沉重、不平靜，如何幸福快樂？因此，我們說：我**希望**平靜安詳、我**希望**身心輕盈。接著深觀：

願我平安，遠離意外。

這個世界有許多暴力和意外。我們希望受到保護，希望自身安全。正念修習能夠保護我們，將平靜和輕盈帶進我的身與心。隨後深觀：

願我遠離憤怒。

憤怒時，我無法感到快樂。我希望從憤怒中**解脫**，修習能夠幫助我。當我被憤怒掌控，感到身心都在燃燒。我希望遠離不善的心理狀態，包括憤怒、沮喪、妒忌、恐懼和擔憂。接著深觀：

願我懂得以慈悲和愛看待自己。

有時，我們無法接受自己，對自己生氣，甚至恨自己。我們對自己不滿，因此無法慈悲地看待自己。想要以慈悲看待別人，首先要能以慈悲看待自己，並全然地接受自己。我們修習不責備自己，而是深入觀察痛苦的根源，以及所有帶來痛苦的原因與環境，如此才能慈悲地接納自己。一旦能接納自己，痛苦會立即減輕。我們都在學習關愛自己，照顧自己。下一步深觀：

願我能夠辨識並接觸到內在的喜悅和幸福種子。

我們的內在有幸福和喜悅的種子。當我們灌溉這些種子，它們會產生喜悅和幸福的能量。以下禪觀的目的是辨識這些種子，這是愛自己的方法。朋友可以幫助我們接觸並灌溉內在幸福和喜樂的種子，但我們自己也做得到，我們主動辨識這些正向的種子，懂得如何呼吸和行走，讓它們顯現出來。然後深觀：

願我懂得每天以喜悅滋養自己。

願我活得清新、安穩和自在。

我們都需要喜樂，都需要幸福。我們想要安穩，安穩是幸福的基礎。如果我們不安穩或是太過脆弱，就無法幸福。所以我們決心培養安穩、自在和平靜。接著觀想：

願我不陷入麻木的狀態。

我們不想成為不關心他人、麻木不仁的人。我們希望關心自己和他人的幸福。雖然我們不想成為麻木之人，但也不想陷入偏激的執著或厭惡。一旦陷入迷戀、貪求或成癮，就會受苦；為一些事情生氣，也會受苦。貪求和厭惡會偷取我們的自由和幸福。因此，以下禪觀是觀想我們真正想要的東西。佛陀教導，我們可以即時給予自己真正想要的東西。這是慈心觀的第一步。

願我平靜，身心輕盈。

願我遠離意外。

願我遠離憤怒、不善的心理狀態、恐懼和憂慮。

願我懂得以理解與慈悲看待自己。
願我能夠辨識並接觸到內在的喜悅和幸福種子。
願我學習每天以喜悅滋養自己。
願我活得清新、安穩與自在。
願我不陷入麻木或極端的執著和厭惡。

首先我們訓練愛自己。修習數日後，便進入下一步，修習把愛傳給別人。你已經把愛帶給自己，現在可以練習把愛帶給他人。我們深觀：

願他們平靜，身心輕盈。
願他們遠離意外。
願他們遠離憤怒、不善的心理狀態、恐懼和憂慮。
願他們懂得以理解與慈悲看待自己。

你生起了幫助他們這樣做的願望。這是第二階段的修習：把愛帶給他人。第三步是把自己的愛帶給所有眾生，不只是一、兩個人而已。真正的愛沒有界限；這是無限的心量。你敞開心扉，包容所有人：

願所有眾生平靜，身心輕盈。
願所有眾生安全，遠離意外。

讓孤獨保持溫暖

你感到孤獨，因為你還沒看到你和其他生命的聯繫，沒有看到你與空氣、陽光、水、人、動物、植物及礦物的聯繫。你會孤單，因為你相信有個獨立存在的自我。相即的智慧能夠幫助你解決孤獨的問題。

每樣事物都為你存在，這無可否認。陽光為你存在。如果沒有陽光，地球就沒有生命，你也不會在這裡。所以，你需要看到你和陽光之間的聯繫。你由陽光構成。陽光孤獨嗎?水、空氣、大地母親、星辰、月亮,都為你在此。你訓練自己的呼吸和步行方式,和星星、樹木、空氣和陽光連結。

生命是奇蹟,你的身體、你的感受都是奇蹟。如果你懂得與之連結,就不會孤獨。陽光具有愛的力量,我們人類也有。如果陽光愛我們,我們應該也能愛陽光;如果樹木愛我們,我們應該學習如何愛樹木。如果懂得去愛,就不會再感到孤獨。

感到悲傷或孤獨不一定不是好事。所有人偶爾都會感到悲傷或孤獨,學習如何回到內在來擁抱孤獨,這是美好的修習。有時候,當你擁抱自己的孤獨,溫暖自己的孤獨,會感到非常舒服。無須推開孤獨,你的孤獨在此,你**接納**它的存在。透過吸氣、呼氣,你讓自己真正存在此時此地,同時擁抱你的孤獨。有時候,我們會希望獨處並保持孤獨,感覺可以完全為自己而在,不需要他人的幫助,有能力照顧自己。

關於真愛,教導非常清楚。去愛,意謂著全然存在,並且深入聆聽對方的痛苦和孤獨。一旦我們感到有人能理解我們,孤單感就消失了。如果有**一個人**真正理解你,明白你的痛苦、困難及孤獨,你就是幸運的人。你從他們那裡得到一份禮物——理解的力量,而你應該回報他們同樣的禮物。你可以問:「我夠理解你嗎?請幫助我瞭解你。」愛是讓對方不再孤獨的禮物。

三種親密關係

如果你覺得孤單、與世隔絕，自己受了苦、需要療癒，你不能期望透過性關係治療或舒緩你的孤獨，這只會為你和對方帶來更多痛苦。首先，你需要學習如何療癒**自己**，在內心感到自在，建立內在真正的家。有了內在真正的家，才能給予他人一些東西。對方同樣需要這麼做：療癒自己，感覺好一些，能夠放鬆自在、與你分享內在的家。否則，對方也只能分享孤獨和不安，這一點無法幫助你療癒。

有三種親密關係。第一種是肢體和性方面，第二種是情感方面，第三種是靈性精神方面。性關係的親密無法與情感親密分開。如果靈性親密存在，肢體和性親密就具有意義、健康及療癒的功能，否則只有破壞力。我們都在尋找情感上的親密：我們想要擁有和諧的關係，有真正的溝通、互相理解和共融。

接受自己的身體是非常重要的修習。你已經很美麗，無須成為其他人。當你接受自己的身體，與身體和好，就有機會把身體當作自己的家。你會擁有平靜、溫暖、喜樂。在內在建立一個家是很美妙的事。

欲樂和性欲不是愛，但我們的社會把感官欲樂視為最重要的事。企業利用人們的欲望來販賣商品營利，但是對性的貪求（或譯渴求）卻會破壞身心狀態。我們都需要理解：相互理解、信任、愛、情感親密和靈性親密。性親密**可以**很美好——如果有念、定、慧、相互理解和愛。在情感和精神上能夠溝通和相互理解，肢體和性親密就會變得神聖。

愛是親密無間。我們的心靈有非常深的層次，我們的內在有神聖之處。那裡有我們不想與所有人分享的東西，那是保留給自己的祕密，是非常深刻的感受，非常深層且神聖的記憶。我們希望能夠保密，直到發現有人可以深刻地理解我們，才能打開心扉，邀請對方進入、到訪這些神聖處所。這是一種親密的交流、非常深層的溝通，唯有真愛存在，才會發生。我們讓對方進入我們的世界，願意和對方分享自己認為神聖的一切，我們只為理解自己的人保留「允許」權。

我們不應認為身體是一回事，而心是另一回事。身心相即，你無法從心拿走身，也無法從身取出心。現代醫學也開始在這個基礎上運作。當兩人之間存在深刻的溝通和理解時，兩個身體的交合只會**提升**親密的交流。這需要覺知到對方非常珍貴，不只是身體，也包括對方的心。你非常尊重對方，包括他的身與心。身體並不是欲樂的對象。真愛應該永遠包含敬愛與尊重。

他們是「合適的人」嗎？

戀愛時，如果對方不能聆聽你、理解你，那麼可以得知對方將來會令你受苦。這個道理顯而易見。如果你和對方交談，發現他無法聆聽，總是打斷你，只想表達自己的想法，也沒有興趣去理解你的痛苦和困難，那麼可以知道這個人無法理解你，將來也無法帶給你幸福。他可能很有吸引力，擁有社會地位，但如果無法聆聽你、理解你，他就不是適合的人。未來，他只會讓你難受。

這很容易測試。只需要十五分鐘，你就能發現對方是否有聆聽和理解你的能力。你也應該問自己同樣的問題：我有聆聽他的能力嗎？我有興趣理解他的痛苦嗎？如果你看到自己想要瞭解對方的痛苦，也願意幫助對方減少痛苦，就可以延續這段關係，因為你具備了美好的意願。

這顯現在非常具體之處。戀愛時，就能得知未來兩人在一起是幸福還是受苦，只需反思**彼此**有沒有能力和動機去聆聽並瞭解對方。這非常重要。

誤解是每個人都會碰到的問題。不僅對方誤解我們，連我們也會誤解自己。假使我們根本不知道自己是誰，如何期待別人瞭解我們？如果我們不花一些時間觀察自己，不會知道自己是誰，更不會瞭解自己的長處和短處，自然會對自己有錯誤的看法。然而，我們希望對方對自己有正確、正面的看法，這很困難。我們可以跟對方說：「我知道我還不夠瞭解自己，所以，如果你看到什麼，請讓我知道。請幫助我更瞭解自己，這樣我也更有能力瞭解你。」這是一種開放的態度。具有相互理解和良好的溝通，幸福就有可能，關係也能夠延續。

發現伴侶深層的願望與抱負非常重要。如果你不瞭解伴侶深層的願望和志向，不覺得自己在幫助他實現心願，就無法成為他真正的朋友。相反地，你也必須和他分享你想在生命中完成哪些有意義的美好願望，看他是否準備好要支持你。

生活方式和付出愛的方式應該全然契合。你應該讓所愛的人瞭解你謀生的方式、你的擔憂，以及你對社會或地球的憂慮。這是作為一個真正伴侶的責任。將每個月的工資作為家用並不足夠，你應該給家裡和彼此帶來幸福和安詳。為了讓你們的愛情不斷成長，你們需要持續交流。

【獻嚴法師】

學習真愛的藝術

少有禪師談及親密關係。老師給予我們這方面的教導，是因為有很多人提到相關的問題。在寺院裡，僧尼的訓練包括平衡三種不同的能量：精、氣、神，藉以保持創意和健康。關於身心，有許多可以發掘和瞭解之處。

老師對禪修傳統的一項顯著貢獻是，他強調培育生命力和活力的重要性——為我們的修習帶來「春天的溫暖」。禪修和正念不是要讓我們變得像木頭，修習是要幫助我們感受到更多的活力，善用生命力和愛的能量利益世界。

梅村每個夏天都會為來自世界各地的年輕人舉辦為期一週的正念生活營。我們一起禪修，學習正念呼吸和放鬆。我們去遠足、創作音樂、享受篝火，在有機農場一起幹活。其中最具衝擊的活動，是在安全的空間裡，以小組的形式談論性親密的經歷，以及所有人在當中感受到的壓力及脆弱。相關的討論往往很熱烈：有人堅持必須將性行為與愛分開；有人講述身體被利用作為欲樂的對象時的痛苦感受。有人無法想像健康的生活中可以沒有色情資訊，也有人的關係受到色情資訊的破壞。這些僅僅是溝通和許可的問題，還是涉及更多的層面？每個人都有不同的見解、角度和生活體驗，尊重很重要。有足夠的勇氣，承認自己受傷害時，對方也會受傷，這也很重要。深入聆聽和觀察，能幫助我們建立為對方而在和溝通的能力；要以全副身心和所愛之人一同駕馭健康的關係，這些能力是關鍵。

以下是關於真愛的的正念修習。你也許會認為這些內容是考驗，但這也是在邀請我們反思愛和關係中的痛點，並且創造療癒和滿足的條件。和其他四項正念修習一樣，這不是硬性的教條，而是為了幫助我們深觀並成長。

正念修習：真愛

覺知到不正當的性行為所帶來的痛苦，我承諾培養責任感，學習保護個人、伴侶、家庭和社會的倫理和安全。我知道性欲並不等於愛，基於貪欲的性行為會為自己和他人帶來傷害。如果缺乏彼此的同意和真愛，缺乏深刻和長久的承諾，我不會和任何人發生性行為。我願從支持和信任我的家庭成員、朋友和共修團體，尋求對真摯關係的心靈支持。我會盡力保護兒童免受性侵犯，同時防止伴侶和家庭因為不正當的性行為遭受傷害與破壞。認識到彼此身心相連，我承諾學習用適當的方法照顧我的性能量，培養慈、悲、喜、捨這四種真愛的基本元素，藉以令自己和他人更幸福。覺知到人類經驗的多元性，我承諾對任何性別認同或性取向不存分別心。修習真愛，我知道我們將會美麗地延續到未來。

北極星

五項正念修習是佛教對全球新倫理的貢獻。這五項原則指出集體覺醒之道，讓我們的生活和行動能拯救地球，為後代保有美好的未來。我們急切需要學習這種生活方式，更多的正念、和平和慈愛才有可能實現。我們每個人都可以從現在、從今天開始身體力行。

如果你受到啟發，想成為這個時代的菩薩，保護地球的美好，如果你心存五項正念修習，就會擁有菩薩行動時所需的力量和智慧。無論你來自什麼文化，無論你的靈性根源是什麼，這些訓練都能夠成為你的生活基礎，體現你的服務理念。它們的本質是普世的，沒有宗派之分。

五項正念修習是真愛的修習。我們希望自己的心持續成長，不只是擁抱一個人，而是整個世界。這是覺者的愛：無邊界的愛。這是可以做到的。如果你跟隨真愛的引領，很快你能接納很多人，同時實現你的大願。

我知道，我的家、我的國家就是整個地球。我沒有把我的愛局限在亞洲一個彈丸之地——越南。這樣的視野讓我經歷許多轉化和療癒。你的愛也許太小，你必須擴展你的心量，讓你的愛擁抱整個地球。這是佛陀和菩薩的愛，也是偉人如甘地、金恩博士及德蕾莎修女的愛。

你不需要完美，重要的是找到一條追隨之道。如果你晚上迷失在森林裡，身上沒帶指南針，你可以仰望北極星向北行走，走出森林。你的目標是走出森林，不是抵達北極星。有路可行，有方向可以跟著前行，是眼前最需要的。我們因此無畏。

為下一代開拓道路，我們需要走上一條全新的團結和慈悲之路，發揮四海一家之情。我們必須一同實踐，掌握實際狀況。不要等政府去做，否則不知要等到何年何月。

第三部分

抵抗的團體
嶄新的共處形式

wake
up
together

皈依處

佛陀開悟後做的第一件事，就是去找他的幾位朋友建立共修小組——第一個僧團。我們也應該這麼做，在居住的地點建立和平、團結的「小島」。僧團是皈依處，是平靜的島嶼。我們所有人都需要有這樣的皈依處。

「僧團」簡單來說就是和合的團體。一個政治黨派可以是僧團，家庭是僧團，企業、診所或學校都可以是一個僧團。當我們用「僧團」這個字，意謂這個團體是和睦的，有念、定、慧，有團結和喜樂，沒有權力鬥爭與分化。任何這樣的團體都可以是一個僧團。如果你有一個夢想，無論你多有決心，都需要一個僧團、一個團體，才能夠實踐。

法國的國家箴言是「自由、平等、博愛」。在我的生命歷程中，我發現，少了博愛、同胞情誼和團結，無法成就任何事。有了團體，就能獲得所需的力量，為所有人創造平等的機會和內在的自由——從絕望、過去及未來的牢籠解脫出來。

很多年前，我和我的朋友丹尼爾．貝里根神父（Father Daniel Berrigan，耶穌會神父、詩人及和平運動者）談到對抗的團體。我們持續受到社會上負面事物的入侵，日日夜夜被我們看到、聽到的事物襲擊；那些負面種子在我們內心持續成長。為每個人創造健康、仁愛的環境，非常重要。

你有菩提心，包含慈愛，以及轉化和服務的意願。你醒來，發現自己想用不同的方式活著。菩提心就好比火箭燃料，非常強大，足以送火箭上月球。為了幫助菩提心持續增強，我們需要僧團，一個皈依處。一個團體能提供我們需要的環境，滋養並增強我們的願心，走出個人或集體的困境。

要成功走在我們的道路上，需要皈依僧團。這不關乎信仰，而是幫助我們走向療癒的行動。我們需要對這個團體不離不棄，把自己交付給它，並允許我們的朋友像一艘船那樣承載我們。一個團體、一個僧團是一艘船，船上所有人都往同一個方向行動並修習。我們都是這艘船的一部分，允許這艘船承載我們。沒了這艘船，我們都會下沉。這是我的經驗。在僧團裡，你永遠不會感到孤單，永遠不會迷失。

我們一旦醒來，生起以不同形式生活的意願，療癒和轉化便立即發生。但如果我們想**持續**療癒，需要有一個有利療癒的環境。我們是走在這條路上的戰士，需要一個團體讓我們持續扮演戰士的角色。

當我們找到自己的道路和一個能皈依的團體，就擁有了祥和。走在這條道路上，不僅得以祥和、安穩，這份祥和還會繼續發展、成長。就如同坐上一列火車，我們無須再奔跑，只需坐在那裡，讓火車帶我們抵達目的地。把自己交託給某個團體，允許朋友承載我們，便會感到祥和、安穩。

培養同胞情誼

我們在越戰時期建立青年社會服務學校，有數百名年輕人和我們一起生活、一起修習、一起服務。我們每個人都有為越南貢獻的理想，而且每天實踐。即使居住環境簡陋，沒有工資或私人住所、汽車，還是能夠建立真正的友誼和凝聚力。在炸彈和暴力之間，我們建立了實驗村並啟動重建農村的運動，透過改善經濟、設施、教育和衛生保健各方面，提高農村的生活水平。有了同胞情誼，擁有共同的理念可以每天實踐，就不需要追求財富、名譽、權力和性。我們以正念培訓社會工作者，而我也寫了《正念的奇蹟》（*The Miracle of Mindfulness*）這本書作為指南，幫助他們保持健康、安定、慈悲和仁愛，滋養他們的抱負，有足夠的安樂持續他們的工作。

在正念生活的團體中，我們能夠展示，簡樸地生活並且感到幸福快樂是可能的。數百人可以一同生活，投入時間和精力建立團結、慈悲和愛。也可以藉由讓他人造訪參與，體驗深入生活而非消費帶來的幸福與喜悅。

我們應該嘗試在鄉村建立這種社區，但不需要是佛教社區。大家聚在一起，以保護大地和保護環境的方式生活：分享房屋和設施，建立學校，下田耕種。建立這樣的小社區，才能真正培養兄弟姊妹的力量——這種力量無法在超級市場購買。

你無須擁有很多，來尋得自由。古時，你只要一缽飯和幾件衣服就能上路，投入所有精力去尋找善知識。這就是你需要的，不用追尋更多。善知識是那些幫助我們開闊眼界，成為真正自己的人。

【獻嚴法師】

六和敬

老師教導我們，團體的力量在於和諧的程度。沒有和諧，我們會在相互牽制的過程失去很多能量，沒有足夠的能量去實踐共同的志向。在梅村，老師強調培養六和敬的重要性。「六和敬」是佛教僧團的生活原則，代表在團體生活中能否和樂相處的六個面向。

一、身和同住

陪伴彼此，為共同的志向投入時間、能量，為其他人存在，這很重要。我們希望成為朋友及同僚能夠信任和可倚賴的人。在佛教傳統中，這個原則有時被描述為「身和同住」，意思是和諧地同住一個屋簷下。當我們承諾齊聚一堂，不論是在螢幕上或在現場，全心建立集體的能量和智慧，集體的力量也由此產生。我們可以自問：在團體或人際網絡中：我是否積極參與？我有用心參與嗎？其他人可以仰賴我嗎？我怎麼讓大家在一起時更受啟發和滋養？

二、利和同均

我們愈會分享，團體愈是和諧。簡單的分享包括點心、設施或日常所需，或是共享空間和共同投資。在梅村，所有的資源都是共有的，每個人都可以決定如何運用那些資源，這具有凝聚力，是修習相即的有效方式。這能幫助我們放下有些東西屬於個人的想法，同時促使我們為集體利益做決定。我們可以自問：我在積極分享嗎？是否有東西我很想占有，阻止我去分享？還有什麼是我可以分享，以表達互信和承諾？

三、戒和同修

無論是簡單的使命宣言、對非暴力和包容的具體承諾，或是建立規約和解決紛爭的指引，在集體生活和行動的核心建立共同的價值觀和方向，至為關鍵。這些就像指南針指引著我們，也是承載我們的容器。五項正念修習是深具影響力的藍圖，在世界各地有數千個團體將它視作北極星。可以檢視你的團體由什麼連結和凝聚，再根據自己的背景、文化和信念，建立自己的版本。

四、見和同解

老師總是教導我們忍耐、包容、開放，接納不同的見解，以避免獨斷、歧視、憎恨及暴力。我們分享智慧和見解，並不是指我們非要持有相同的見解不可，而是指我們承諾建立一個環境，所有的見解和聲音都能表達、被聽見。我們也不強加自己的見解在別人身上。我們嘗試為不同的見解保留空間，也以嶄新、開闊的視野看待事物。我們需要準備好放下自己知道的，對別人的洞見和經歷保持開放的態度。真正的集體智慧和「見和同解」，就能自然生起。

五、意和同悅

意和同悅，是修習以深入而真誠的方式，來表述自己的見解和看法，同時盡己所能給予他人真誠表達的空間，這是建立信任和團結的深刻方法。在你我身上到底發生了什麼？我們對團體最深層的憂慮是什麼？我們最深層的夢想是什麼？當我們能夠真誠地從自己的經歷（即使是恐懼的經歷）分享洞見和見解，我們的朋友和同僚會更容易聽見、理解、接受，從而建立和諧的相互理解。

六、口和無諍

互相承諾守護我們的言語，修習克制、避免傷害，這在集體生活中非常重要。方法和目的是一致的。我們不能只是講**自認**的「真理」，而不用對言語的作用負責。毫無掩飾、直接、不善巧的表達，即使是所謂的「真理」也會造成激烈的影響，破壞信任。在梅村，我們訓練勇於表達，平靜、慈悲地表達見解，然後放下。我們盡量不力爭。如果某個會議有強烈的情緒升起，我們會出去走個十分鐘，然後回來以較平靜的方式表達。兩人或更多人在溝通時，無論出於什麼原因卡關，我們會盡力安排另一個時段，聆聽各自對這個狀況的體驗以及最深層的關切，藉以理解摩擦的根源。

在梅村的常住眾來自不同的國家、背景和文化，但每個人都有「一席之地」或是在圓圈中有一個蒲團。我們選擇了修行之路，這是我們聚在一起的基礎。老師教導我們，我們遇見的每個人都是「待發現的國家」。每個人都有自己的價值，都有待展現和培養的天賦。在任何團體、合作團隊，都是如此。我們的挑戰是創造條件，讓花園裡的每一朵花以獨特的方式盛放。

過去四十年，老師建立了正念生活團體的基礎網路，在十多個美國、歐洲及亞洲寺院的支持下，已有數千個依據梅村傳統修習的僧團。「持地共修團」（The Earth Holder Sangha）是梅村這棵樹下的分枝，傳遞老師關於入世佛教、種族及社會公義，以及與大地母親相即的教導。持地共修團每個月透過網路或實體聚會，禪修並分享在日常生活中修習關愛地球的洞見和體驗，從而推動大地療癒的慈悲行動。

「覺醒運動」（Wake Up Movement）這個國際網路，是年輕人依循五項正念修習在各地建立的「抵抗社群」。他們每週或每個月舉辦禪坐和正念活動，以建立團結和鼓舞人心的皈依處，為支離破碎的社會帶來療癒和慈悲。ARISE共修團是梅村傳統下另一個共修團體，探索種族、多元交織性及社會正義，作為通往集體覺醒的法門。

建立強大的社群來獲得療癒、覺醒及地球公義，需要多元的經驗和視野。老師關於團結、和諧及包容的教導，啟發一個集體領導的模式，提高了存在感和邊緣團體的聲音。生活在團體中，幫助我們培養傾聽和愛語的技巧，學習面對不同的觀點並達到和諧。透過這樣的方式，就有可能建立根深柢固、具包容性的團體，有團結精神，能產生真正的集體智慧，成為所有人皈依和轉化之地。

無論你在哪裡，都能培養團體精神。就像一棵樹，奇蹟都是從不起眼的微小事物發展而成。如果你沒有心神參與禪修團體、有共同理念的地區組織、社會運動網路或非政府組織，你可以在生活及工作的地點開始建立社團。這可以簡單到只有幾個同事、鄰居或同好，一起喝茶、吃糕點，稍微改變平時聚會的流程，給大家誠心分享的時間，互相聆聽心聲。各種美好的事物會由此而生。

有一次在紐約巡迴講學期間，我們數名僧尼受邀為《哈芬頓郵報》（*The Huffington Post*）的年輕記者帶領兩小時的正念修習。記得當時我想：「兩個小時又能幫助他們改變什麼？」最後，我們決定花二十分鐘指引禪坐和放鬆，接著花十分鐘講課，之後的一個半小時我們只是聆聽。我們為年輕的記者們創造從內心深處分享的空間。我們聆聽他們講話時，跟隨自己的呼吸。我們提問：「你為什麼在這裡？你為什麼想成為記者？你最深的願望是什麼？什麼是你最深切的恐懼？有什麼令你的心歌唱？」我記得有人在講話時哭了出來。活動結束時，有人說，這是他首次真正「到達了」，無論是在辦公室、團隊裡，還是生命中。另外有人說，這是他首次發現同事真實的一面。有時候，我們只需要摘掉面具，允許自己做個人，盡力在混亂中成就最好的結果，在人類的道路上一起前進。

入世還是禪修？

正念生活團體的主要作用不是舉辦活動，無論是正念禪修活動、爭取社會公義或入世行動。僧團的主要目的是建立兄弟姊妹情誼，培養和睦精神。能夠皈依這樣的僧團，一切都有可能。我們獲得滋養，不會失去希望，因此正念溝通、深度聆聽和愛語很重要。我們需要找到方法保持開放的溝通、分享見解，以達到集體的智慧及共識。真正的僧團建設需要時間和精力，也需要耐性。我們需要有時間一起坐禪、禪食、行禪、工作，培養正念、平和、幸福和慈悲的集體能量。

這樣修習，能夠互相支持、滋養，持之以恆而不至於身心透支。你的團體是你的皈依處，即使它有不足之處，總是朝著培育覺知、理解和愛的方向前進。

當我代表越南佛教和平代表團參與巴黎和談時，很多人義務幫助我們。我們一起工作，分享簡單的膳食。晚間，他們也留下來一起進行禪坐、行禪、深度放鬆或唱歌禪。很快，我們開始在附近的貴格會大樓（Quaker Meeting House）舉辦禪坐活動。看到參與和平工作和社會工作的年輕人，我看到他們的困難，發現他們的工作很容易令人身心透支，隨之放棄。我知道，要是沒有坐禪、行禪、禪食或一起工作，我無法生存。因此，團體建設成為一種維持生存的藥物。認為「入世佛教」只有在參與社會行動時才存在，這樣的想法並不正確。「入世佛教」隨時都存在，無論是行走、禪坐或以正念喝茶，都是「入世佛教」，因為你這麼做不只是為了自己，而是維護自己，實踐幫助世界的志向。

我們或許會遇見一些人，他們很活躍，但不是以慈悲行動。他們顯得很疲憊。當慈悲薄弱時，就不可能快樂。你會很容易嫉妒、沮喪和憤怒。我們必須瞭解自己的界限。你所做的工作不能超過自己的能力，不然你會身心透支。我們應該懂得安排自己的生活，保持平衡。在團體中一起工作，我們接收到集體的支持能量。夥伴們幫助我們不在工作中迷失。我們時時可以後退一步，讓其他人向前一步。你需要有勇氣說不，不然你將很快迷失自己，而這是其他人和這個世界的損失。作為老師，我面對的一項困難，是婉拒來自世界各地請求舉辦禪修營的團體。我知道，舉辦禪修營能利益很多人，但我們必須瞭解自己的限制。維護自身是為了維護服務他人的機會。

【獻嚴法師】

正念入世行動

雪麗．梅普斯（Cheri Maples）是威斯康辛州麥迪遜的警察，她找到方法，以正念和團體精神滋養自己和自己的理想。一九九〇年代初，雪麗首次參與老師帶領的禪修營之後，參加了當地的共修團並持續共修。雪麗透過與團體連結來滋養自己，並積極培育這個團體作為改革之地。她明白團體指的不僅是自己參加的共修團，也是自己**所在之處**，包括工作地點和家庭。雪麗聚焦在三方面：自己的內在工作（禪坐、正念修習，她把這些修習稱為「一切的基礎」）、人際關係和入世修習。她發現有必要找到自己的「禪修活動」，並投入時間和精力。「這些活動讓你完全沉浸其中，培養像修習正念的效果：念、定、在平凡中發現非凡。」對雪麗而言，這項活動是打棒球。

作為隨時待命執行任務的警察，雪麗用很多時間建立面對衝突的不同處理方法。雪麗在一項任務中，面對一位離婚父親拒絕把年幼的女兒歸還給前妻。這位父親打開門時，身高五呎三的雪麗發現面前六呎四的這名男子非常憤怒，還恐嚇她。雪麗說：「我可以看到他的痛苦，那很明顯。」她沒有拘捕這名男子，而是詢問能否入內談談。「我違背了警察訓練的所有規範，我沒有後援，而且身上配著槍、身穿防彈背心，便坐到這名男子旁邊，那是警察的禁忌。結果，他在我的臂彎裡哭了起來。」

這個案件沒有人被拘捕，男子的女兒最後回到媽媽那裡。三天後，雪麗在街上碰見這名男子，正確地說，是男子向她跑去，伸開雙臂給了她一個熊抱，說：「那個晚上是妳救了我！」數年後，雪麗負責警察部門的訓練計畫，為法庭的專業人士、法官、律師、監獄職員和社會工作者帶領禪修活動。

在她的團隊中，雪麗以達成共識作為決策方式。她總是在思考如何用不帶宗教色彩的方式，將五項正念修習融入新入職警察的訓練中。她解釋：「我們必須向他們和機構的其他人員展示，團體是由我們共同創立的。這不是關於在他上頭或下面的人能做什麼或不能做什麼，而是關於共同創立這個團體的**每個人**做了什麼。如今，五項正念修習的內容已經整合進訓練的每個部分，不再是獨立的課程。」新入職成員的伴侶和家庭成員也受邀參加一些場次，幫助新成員瞭解什麼時候適合運用「現場指揮」及「控制場面」的技巧，什麼時候不適合。「如果他們無法適當掌握這些技巧，」雪麗說：「就無法成為一名好警察，也會是糟糕的伴侶、夫妻或父母。」她希望他們「想想自己**想成為什麼樣的人**，**如何和這個地球的其他人互動**。我希望他們理解到，愈是開放，就愈有機會用開放的心做好這份工作。」

我們如何持續有效地工作，不被遇到的阻礙和過度緊張給淹沒？雪麗平衡自己專業才能的竅門是，深化內在的精神力量，同時以外在的精力參與制度的改變。這是她對自己慈悲的洞見：「身心透支是我們在某方面違背自己本質的徵象，通常被視為付出過多的結果，但我認為這是因為我們想給他人自己沒有的東西，最終的原因是我們給予自己的並不足夠。當我們給予的是自己生命歷程中重要和寶貴的部分，是從內在修養自然而生，就能自我更生，在本質上也是無限的。這意謂著，我們需要讓自己的修習維持在非常有力而活潑的狀態。」

雪麗提出具有洞見的方法，改革刑事司法系統，包括調查種族歸納的根源、重新審視運用致命暴力的警方準則、建議具體方案以建立警方和社區的互信，以及擬定新計畫，處理警察心理韌性和心理創傷的問題（無論承認與否）。作為雪麗入世佛教的一部分，她還深入觀察機構內部（包括警方執行任務）的潛意識共識和文化，她發現相即的智慧能夠賦予更多力量並推進改革：

我們傾向認為某個人事物是問題，或是某人需要做得更好，讓事情有所改變。然而，我們忘記自己也是這個機構的成員！有人離開會議時會說：「這個會議真糟。」我會說：「你剛才在開會嗎？這個會議很糟，是因為我們所有人讓會議變得很糟，你可以做些什麼來改善它？」作為真正的團體成員，我們要對大群體的福祉負責。當我們超越批評及消費，我們會開始相信這個世界、這個機構、這個會議以及這個聚會，是由我們共同創造的。

雪麗於二〇一七年逝世，死於單車意外後的併發症。在她的生命中，在巨大勇氣的推動下，她與自己和好，把和平帶給世界。在行動層面，她的精神持續閃耀。

成功與自由

你能夠雄心勃勃，同時保持正念嗎？你能夠一心想要成功，同時過著簡樸的生活嗎？關於權力的問題很重要，因為有很多人濫用權力，即使他們擁有的權力並不多。父母可能對孩子濫用權威，但仍覺得無力，覺得無法做些什麼來幫助或改變孩子。權力總是有所限制，包括政治或經濟方面的權力。即使是美國總統，也有感到無能為力的時候，億萬富翁也一樣。

關於力量和權威，佛陀講過什麼？在佛教，我們說每個人能夠找到三種力量——「三德」。追求這三種力量不會有危險，因為這樣的力量能讓你和他人幸福快樂。這樣的力量與財富、名譽、影響力和性不同。

第一種力量是「斷德」，能斷除貪婪、憤怒、恐懼、絕望或嫉妒，因為它們就像火焰會把你燒毀。一旦斷除了，會非常幸福。當我們有個渴求的對象，彷彿魚兒咬到了魚餌。魚餌有鈎，但很多人無法看到自己渴求對象的鈎，因此被逮住了。如果有「理解之劍」，無論你有什麼渴求，將能看到其中的危險，也就是這個鈎，如此進而斷除這份渴求。同樣地，當我們面對憤怒、嫉妒，只要運用理解之劍，都能夠將之斬斷，獲得自由。

第二種力量是「智德」。如果擁有足夠的正念，就能培養定力。有了念和定，就能深觀，對現實真相有突破性的認知。只要從錯誤的觀點、理解和認知中解脫，就能夠自由。

文殊菩薩是大智大慧的菩薩，手中握著智慧之劍。運用這把劍，他斷除所有的誤解。作為禪修者、正念修習者，你的智慧讓你解決所有的問題。你富有洞察力和自由，沒人能從你身上偷取智慧，沒人能用槍盜取你的智慧。

所以，第一種精神力量「斷德」，幫助你從渴求和憤怒中解脫；第二種精神力量「智德」，幫助你消除妄念和誤解。第三種精神力量「恩德」，是**愛、原諒、接納別**

人，以及給予理解和愛的力量。我們之中有些人無法接受另一個人或某些狀態。我們會說：「如果他們不改變，為什麼我要改變？如果他們一直維持原樣，我也有權保持現狀。」不過，一旦接受他們的樣子、接受現狀時，我們就有了前行的自由。我們停止反應，開始真正的行動。如果我們一直回應，不見得會有結果。可是具備愛和接納的力量，便能夠自由地以慈悲和智慧回應並改變現狀。接納和原諒的能力是巨大力量的來源。

如果你投入時間培養這三種力量，不會有任何危險。這些力量愈強，你愈幸福，身邊的人也會愈來愈幸福。有了這些力量，你永遠不會成為成功的受害者。具備這三種力量，即使擁有財富和名聲也不會有危險：你會用財富和名聲來幫助人，幫助社會和地球。意思不是說禪修者就必須安貧樂道。有錢沒有問題，但你必須懂得如何運用金錢，去實現慈悲和理解的志願。

靈性傳統中，有「自願貧窮」之說。你想簡單地生活，於是不花太多時間去賺錢。你希望有更多時間深入享受其他東西，無論是這個世界的美好，還是你所愛的人。簡單生活賦予你更多時間享受生活。你或許「貧窮」，但是你選擇了貧窮。事實上，你非常富有，因為一切都屬於你，包括陽光、藍天、鳥兒歌唱、青山。

日常生活的每一刻都屬於你。有很多人在金錢方面富有，但他們沒有天空、群山或者照顧至愛的時間。佛教的教導在這方面非常清楚。佛教並不抗拒金錢或地位。如果你有真正的精神力量、有斷除渴求的力量、有智慧和愛，那麼你就會擁有自由和幸福。無論是金錢、權力或影響力，這些都能幫助你實踐菩薩的抱負。

獲得權力的藝術

不要以為沒錢、沒地位就一定無助，無法做大事。我遇過很多富有且位高權重的人，他們深深受苦，其中很多人沒有力量幫助他人。他們關注如何累積財富，沒有時間留給自己和家人。我沒有財富和地位，但我非常幸福，也能幫助許多人。有很多事情是我做得到，而他們做不到的。我能夠十日不進食；當我聽到有人侮辱我，我不會生氣，還能保持微笑。許多人都做不到這一點。

請不要認為你沒有錢，就不能有所作為。這不是事實。如果你是自由的，你可以做很多事情，幫助周遭的人和社區。當你把自己轉化成為菩薩，你會擁有很大的力量，幫助自己自由，進而為他人紓解痛苦。

很多人不惜一切想要獲得政治權力，因為他們相信，沒有政治權力成不了大事。但如果是透過摧毀自己的價值來獲得權力，你將失去自我，也失去人們對你的信任。因此，我們不應不惜代價去獲取權力。即使沒有權力，你也可以強化基層工作，在基層培育信任、愛、團結並影響現狀。一旦你這一方的力量增強，就輪到你擁有政治地位；只是你不需要太多權力，不然你會開始腐敗。真正的權力應該具備精神層面。

正念是道，不是工具

有一名記者曾經問我：「把正念帶進企業，幫助他們獲得更大的成功和利潤，這樣做對嗎？利用正念幫助有錢人變得更有錢，這樣做對嗎？這真的是正念嗎？」也有人問我，教軍隊正念合適嗎？他們說，教導退伍軍人是一回事，幫助正在服役的軍人是另一回事。幫助人們更有效率地殺人，怎麼會合乎道德？正念是否已經被濫用在錯誤的目的？

問題是，正念應該利益所有人，還是只有特定的人群。正念修習可以排除企業領袖和軍人嗎？那麼從事其他職業的人又如何，譬如漁夫？漁夫也是在摧毀很多生命，就像軍火生產商或肉類工廠從業人員。我們要排除所有這些人嗎？

一九九〇年代，法國梅村修習中心是最早為商業領袖開設正念禪修營的團體之一，因為我們知道，他們和我們一樣有苦。二千五百年前，佛陀也教導過商人。

首先，正念不是工具或手段，而是道。工具可以有不同的運用方法。譬如，給一個人一把刀，可以用來砍柴、切菜，也可用來殺人或偷盜。正念不是一把刀，它不是能做好事或壞事的工具，但許多人視之為工具。人們說，有了正念可以和解，有了正念可以賺更多錢，有了正念可以更有效地殺人。

正念不僅是**通往**幸福的道路，它**就是**幸福之道。當你修習正念呼吸，你的呼吸不是要達到某個結果的手段。如果你懂得呼吸，呼吸時你立刻感到愉悅、平靜和療癒。如果你修習呼吸時感到這是一件苦差，你傾向認為：「我正在受苦，但之後我會有一些好的體驗。」那不是正念。在正念道路上，每一步就是道路本身。我們應該提醒自己如此修習，立即獲得平靜、安詳和喜悅。

教軍隊正念合乎道德嗎？

在越南戰爭（或東洋戰爭）的一次衝突中，共產黨及反共產黨兩方軍隊的指揮官都下令攻擊，但士兵們不想互相廝殺。雙方埋伏在兩邊的河岸，沒有開槍。他們靜候了數小時，然後執行任務——向天開槍、吃午餐，然後回家。這在寮國發生了一次又一次，也在整個戰爭歷史中持續發生。這些士兵很有智慧，他們不能理解為什麼要去殺人和被殺。

這些士兵知道對方不是敵人，只是和他們一樣被推到前線去殺人和被殺。這是正念的思考。只要有了正念，就有智慧。這裡顯現的洞見是：對方也是戰爭的受害者。拒絕開槍互相廝殺的士兵具有正念也具有智慧。他們看清自身處境的真正本質，也看到生命的可貴，只是他們的指揮官會很惱火。

這個年代的軍隊領導人訓練士兵時，缺少這樣的正念和智慧。他們認為士兵學習正念就是掌握一件工具，執行任務時會更冷靜，更專注地執行殺戮任務，但這並不正確。教導正念時，他們學習如何呼吸、行走，如何覺知感受和情緒，如何感受內在的恐懼和憤怒。當士兵有了這些覺知，便獲得了智慧，幫助他們避免錯誤的想法、言語和行動。

如果一位正念導師教導軍隊領導人更有效地摧毀敵方，這不是真正的正念。假設一名士兵被派到戰場執行任務，他修習吸氣和呼氣，為的是發現前方敵人埋伏的位置。他修習：「吸氣，我知道敵人就在那裡；呼氣，我知道我要在他殺我之前殺了他。」這樣的修習受到恐懼、求生欲和錯誤想法驅使。他的訓練要他將對方視為邪惡之人，威脅到國家安全，是國家的敵人。他相信沒有這些敵人，世界會更好。作為士兵，他接受了這樣的訓練，才會產生殺戮的意圖。

一名正念老師不能訓練人們用正念和專注去殺人。我們不能教士兵：「吸氣，我知道敵人在那裡；呼氣，我扣下扳機。」這不是真正的正念。這樣的訓練把正念當成工具而非道路，更不會產生智慧。你不需要修習十天或十年，才能獲得智慧。一個正念的呼吸就能讓人發現生命可貴。如果你教導士兵真正的正念，他將獲得智慧和正見。有了正見，就不會犯錯。因此教導士兵正念，沒有危險的問題。

軍人經歷很多痛苦，特別需要幫助。幫助他們減少痛苦並沒有錯。他們的確用得上正念。在現代，我們有專業的軍隊。年輕人從軍，為的是穩定的薪水和職涯發展、比普通工作更好的前景。他們認為在軍隊工作能帶來幸福快樂。

軍人學習正念，將發現什麼才能帶來真正的幸福，還能辨識並擁抱自己的恐懼、憤怒和絕望，從而減少痛苦。一旦嘗到真正幸福的滋味，他們將明白生命的一些道理，改變自己的動機。這是個緩慢的過程。作為他們的老師，你不催促他們放棄工作，只能幫助他們減少痛苦。當他們減少了痛苦、看到什麼才是幸福，一切都會隨之改變。

當軍隊和政治領袖的見解錯誤，數百萬人會被殺害，數百萬人的生命會被摧毀。在越南戰爭期間，情報人員得到的指示是：「共產黨很危險。如果越南落入共產黨的手中，共產主義就會蔓延到整個東南亞，然後蔓延到紐西蘭和澳洲，很快也會蔓延到美國。」這是受到恐懼推動的錯誤見解。事實上，今日的美國也和越南共產黨做生意。

回望歷史，我們發現在越南戰爭投入的金錢、毒氣、武器和這麼多人命，並不理智。最高領導人的錯誤認知帶來無數的死亡和破壞。更好的見解、更高明的方法是支援南越和北越，支持共產黨和反共產黨者重建國家，恢復經濟並投資教育等等。這樣美國能花費更少的金錢，幫助南、北越成為幸福的國家，而美國也能贏得更多朋友。運用智慧和正見，才能產生正行。

我們不僅要幫助士兵擁有正念和洞見，也需要幫助他們的上級，包括指揮者、首長，五角大廈及政策制定者。我們不應把任何人排除在正念修習之外。只要政治領袖持續對國家安全和國家利益產生錯誤的見解，很多年輕人就會持續成為戰爭的受害者，被迫殺人或被殺。守護國家的利益和安全，還有比暴力手段更好的方法。

我想，如果我受邀去教導軍隊，我會去，因為我們知道真正的正念修習會改變世界，會改變士兵對幸福的看法，從而改變他們的生命方向。

正念包含道德的種子

二〇一三年，一百位梅村僧侶前往谷歌位於加州的總部，為七百名谷歌職員帶領正念日。我們知道，年輕的谷歌人很勤奮、很聰明。他們為了獲得靈感、持續創新、幫助公司成為業界第一，承受很大的壓力。他們的意圖是愈來愈成功，而我們的意圖是讓他們嘗到真正的幸福。我們不能說：「親愛的朋友，你先要放棄之前的意圖，我們才能教你正念。」他們想要成功，或許是因為他們以為正念能讓他們更成功，才來學習正念。

只要我們教導正念，就無須害怕。只要具備正念，所有人都能嘗到真正的幸福、自由和愛，他們的意願自然就會改變。不再是希望成為第一，而是擁有真正的幸福。希望經歷真正的幸福，與人分享的美好意願，能幫助我們減少痛苦，帶來無窮的喜悅，令世界成為更美好的地方。

佛陀教導正念時，總是把它視作「八正道」之一來教導。這條通往健康幸福的道路，就包含在五項正念修習中。正念不可能離開八正道，否則那不再是「正」念。正念不能從正見、正思維、正語、正業、正命、正精進和正定分離出來。正念與八正道中的其他元素有相即的本質。如果你還無法在正念之中觀察到另外七個元素，就是沒有真正認識正念。

我們許多人都具有二元的思維，也將這樣的思維模式運用到靈性傳統。事實上，靈性傳統**超越**了二元思維。我們應該覺知到這樣的情況也發生在正念。因此，我們應該訓練自己修習正念，**作為幸福和轉化之道，這條道路與八正道的其他元素緊密相連**。正念與五項正念修習以及倫理道德的修習，是分不開的。

我們需要培訓成千上萬的正念老師、成千上萬的導師，因為每個地方都需要正念。修習正念，無須成為佛教徒。這些教導和修習是人類整體的寶貴遺產，不僅僅是佛教徒的。我們也要謹記，所謂的「佛教」是由非佛教的元素所組成的。

「正念」是不是真正的正念，端視我們的訓練和修習。只有真正的修習才有益處。不要害怕，我們每個人都有能力掌握這樣的修習，把喜樂、療癒、和解帶給世界。

【獻嚴法師】

建立韌性社群

正念的智慧如何幫助療癒並轉化這個時代的暴力、不平等和制度不公正？正如賴瑞・華德博士（Larry Ward）所言，地球的核心危機是「人類危機」；其中，人類的種族業力需要得到療癒。事實上，我們持續傷害、歧視這個星球，因為我們持續傷害、歧視彼此。兩者密切相連。就如賴瑞在他的著作《美國的種族業力》（*America's Racial Karma*）解釋，我們的任務是走上仁慈和療癒之道，「我們的種族意識才能深刻地人性化，從而關心自己和我們的星球。」

這需要內在和外在的努力。我們應該試著轉化社會政策，以及制度化的種族意識系統，同時進行內在的改造，鼓起勇氣，發展自己能夠體驗、應用的靈性修習。

誠如賴瑞的解釋：「我們的身體包含美國種族業力的果報，沒有人能夠逃離這份恐懼和骨子裡的顫抖。無論我們是受害者、欺壓者或目擊者，由於感官的體驗或相關記憶，都無可避免地產生生理失衡或失調。」靈性修習為的是辨識、擁抱、療癒身心靈的創傷，同時幫助其他人這樣做。賴瑞說，缺乏根源的轉化，深刻、系統化的改變就會受到阻礙。

結合內在修習和外在轉化，賴瑞邀請我們創建「韌性社群」（communities of resilience）。在這樣的社群，我們擁有明確的共識，在「仁慈、開放、慷慨、理性和愛」的環境中生活。他認為，這樣的行動必須是具體、能夠體驗的。療癒是一門藝術，我們需要在這個旅程上互相幫助，給予時間、創造環境去療癒自己的創傷和痛苦，也為家人、朋友、同事和其他市民這麼做。

當老師受邀到美國國會訪問，他建議成立一個「智者委員會」，為這個國家舉行深度聆聽的活動。那些睿智和仁愛、具有大慈悲、能夠傾聽的精神領袖，可以受邀加入這個委員會，為社會上受到歧視和不公平對待的受害者建立一個安全的環境，讓他們傾訴和表達心聲。那些受苦的人可能需要數天或數星期，才有足夠的勇氣訴說內心的一切。「有人說我是理想主義者，」老師說：「但我們**應該**修習慈悲，走出憤怒的情境。這是唯一的出路，也是普世之門。」

如同賴瑞所說：「仁慈的橋梁被衝突的烏雲、殘暴和仇恨所遮蔽，但它存在我們之內，也存在我們之間。業力能夠被療癒、被轉化，但是唯有我們選擇把車輪換到另一個軌道，才有轉化的可能。」賴瑞分享三篇從內心流露、充滿力量的祈禱文，支持深入、具體、生機勃勃的種族療癒之路。

在歸屬感之屋站起來

不要表現得好像這裡不是你的土地，不要表現得好像你無從掌控，因為對我而言，現在應該掌管這塊土地的權勢之士明顯不具備這樣的能力。所以，請站起來！表現得像是一個真正的人。不要讓系統性種族主義的使者訂定你的人生。不要讓他們界定你的力量。

在療癒和轉化之桌，找到你的位子

我的祖母說：「不要容許愚笨的人搶走你的座位。」坐回你的座位，為自己而在、關心自己、愛自己。當你懂得愛自己、關心自己，愛會自然流露，為你周遭的環境傾注神聖的芬芳。

乘上改變的風，無所畏懼

表現得就像昔日無畏的偉人，擁抱他們狂野的韌性，以及真正療癒美國種族業力的視野。

這些關於自由和力量的真切祈禱文，呼喚我們每個人貢獻自己的力量，為那些尋求公義、公正，卻被迫沉默、被漠視的人，尋求空間和聲音。根據相即的智慧，我們每個人在轉化民族意識的過程中都有責任。所以賴瑞說，所有人都需要進行內在和外在的轉化。

世界的難題就像公案

在僧團中，我們互相幫助，深觀真實的情況，嘗試找到出路。禪宗有一項修習是參公案。你參的公案必須讓你全心投入，也是你最關切的事物。你想要理解，想要轉化。你的腦中或心裡如果有一個公案，就像被射中一支箭，無論是站著或是坐著、醒著或是睡著，肉中都插著這支箭。你必須日夜參著這起公案，深入它。有一天破參了，你就會明白、解脫。

或許，可以把中東問題、種族不公，或是這個世界的痛苦當作全人類的公案，但人類家庭太過繁忙，我們沒有時間這麼做。作為個體或是社會，我們把注意力放在緊急事故上，然後又被接踵而來的危機和大問題分散了注意力。

參公案時，你不需要運用聰明才智。公案應該埋在內心的土壤深處，必須動用所有力量、所有能量、所有的念和定，才能擁抱隨著公案而來的困難、情境和深層苦痛。日日夜夜，每個時刻，你只做這件事——深深地、溫柔地抱著公案。

有一天你會有所突破。這個智慧可能來自你自己或群體。如果是一群人一起參公案，那股力量會非常強大。因此，當我們以佛教的精神召開會議，應以禪修營的方式舉辦，安排禪坐跟行禪，還要花幾小時深觀，補充智慧的能量。我們打開心胸面對現實，擁抱聽到的、經歷的一切，只要有定的能量，就會產生更多智慧。

個人還是群體？

依我所見，個人主義、人人為己是二十一世紀的特徵。但是我培訓學生的方向很不一樣。我們不訓練個人主義，而是培養團體精神，學習同住、共事、集體覺醒。無論要做什麼，我們一起做。如果下一代能和上一代有所不同，完全是因為懂得如何合作共事。我最深層的渴望是下一代**可以**有所不同——懂得共處、共事，無論做什麼都能秉持團體的精神。

就如蓮花是由很多分子組成，所有的分子和諧同在，才能產生美麗的葉子和花朵。同樣地，團體凝聚在一起，是由特定的個體形成一個整體。如果想要創造一個和平、幸福、慈愛的社會，就必須觀想一個普世的團體。學習像河流般流動，如果做得到，就可以改變世界。

一般人還是抗拒社群、團體是有機體的這個概念，因為我們仍然執著於個人和自我。我們還沒準備好像一個身體裡的細胞在社群中生活。這需要一個轉機。在我的生命歷程中，我愈是反思並深觀佛陀的智慧，以及他組織僧團的方法，我愈能清晰看到修行之道。

獲得這個洞見的那一刻，我彷彿擁有一雙嶄新的眼睛。我用非常不同的方式看待朋友和學生。我看到**我是他們，他們是我**。我看到自己所做、所想、所說的話，都是在滋養並傳遞智慧給他們。未來，無論我在還是不在，已經不是問題，因為我已經參透無我的智慧：在我和他人之間沒有分別，沒有阻力。你接受別人，如同接受自己。在這樣的關係中，你得到無限的幸福。

我們想要一個有能力轉化世界、保護大地母親的年輕社群，不僅可以減少痛苦、推動身心健康，最後更將修習帶到學校、企業，甚至軍隊。我們有機會以修習的形式而非宗教，將正念帶到每一個角落，為社會上的每一個人帶來解脫。

為未來覺醒

如果我們希望幫助社會轉化偏執、歧視、貪婪、憤怒和絕望，可以依據五項正念修習的倫理指引，也就是真愛和慈悲的具體修習，清楚指引走向與他人和大地和諧生活之道。

很多人看到環境受到破壞、看到不公義和不平等，會感到憤怒、沮喪和絕望，因為看不到能人志士來改變我們的生活方式。以團體的形式結合，提供我們一個管道，聚集共同的能量，同步行動。集體修習能為自己和社會帶來轉化和療癒。

佛教是智慧的來源，這個歷史悠久的傳統修習理解和愛，不僅僅是信仰而已。佛法的精神與科學的精神非常接近，兩者都能幫助我們培養開放和無分別的心。無論你的文化、靈性根源或信仰是什麼，所有人都能為集體的覺醒付出。慈悲、友情、團結，是這條道路的基礎。

只有集體覺醒，我們才會有足夠的力量改革，保護自己和地球。沒有團結，沒有兄弟姊妹的情誼，都無法成事，這是改變現在和未來的關鍵。兄弟姊妹情誼需要時間建立。一旦有了這份情誼，我們就有希望。

未來屬於年輕的一代。你需要覺醒。現在，你可以採取行動，提供幫助。不要絕望，**總有**你可以做的事。我們還有機會。因此，確認你需要做的事、起身而行，你會感到平靜安樂。

be alive
be the
miracle

結語

我們已有足夠的菩薩

《法華經》裡有一個關於妙音菩薩（Gadgadasvara）的故事，菩薩化身無量，以絕妙的聲音度化十方眾生，弘揚佛法，為眾生廣說經典。

經中說，妙音菩薩是來自另一莊嚴清淨國土的菩薩。其時，釋迦牟尼佛在娑婆國土眉間放光，遍照如恆河沙數的諸佛世界。其他佛國的菩薩和佛知道，在這微小的星球——地球上，有一位釋迦牟尼佛在教導眾生。

當釋迦牟尼佛散發的光芒照在妙音菩薩身上，妙音菩薩定睛一看，看見了地球，以及靈鷲山上的佛陀和他的僧團。妙音菩薩希望供養禮拜佛陀，許多其他菩薩也隨之加入。他們所經的佛土，天上灑下大而美麗的七寶蓮花，百千種天樂不奏自鳴。在靈鷲山，大家都為突然落下的蓮花和響起的天樂感到驚訝。釋迦牟尼佛解釋：「我們有訪客。」他告訴大家是妙音菩薩來到。

在梅村，我們也以音樂修習。音樂可以在個人內在及僧團中締造和諧。有時候，我們內在有很多絮語，希望表達自己，馬上講出來。但如果我們能專注於呼吸的「樂音」，我們就能接納所有的聲音，並與之融合。當整個僧團一同禪坐，安詳、深長的正念呼吸是大家共享的音樂。我們不做任何事，只是存在，全然地存在，同時覺知他人的存在，這已是豐富的滋養和療癒。所以，音樂有時非常安靜，能讓一切平靜下來，也能發揮療癒的功能。妙音菩薩是多生多世深入修習那種聖樂的菩薩。

妙音菩薩和眾多菩薩來到靈鷲山，禮敬釋迦牟尼佛，並獻上其佛國中諸佛的敬意。他們發現我們的星球很小，卻有許多痛苦，也看到釋迦牟尼佛不辭辛勞地幫助人們減輕痛苦。他們非常仁慈，其中很多菩薩希望留在地球上幫忙。但釋迦牟尼佛說：「感謝你們的好意，這裡已經有足夠的菩薩照顧我們。」當時他深觀地球，忽然有成千上萬的菩薩從大地湧現，大家都很驚訝。

釋迦牟尼佛幫助大家看到究竟層面。在究竟層面，佛的壽命無限，你的壽命也是無限的。

《法華經》描述的影像，是以善巧的方法幫助我們接觸到究竟層面，看到自己在究竟層面，也看到我們的老師佛陀在究竟層面，同時體認到，地球上有足夠的孩子照顧地球。

不要太篤定地球上只有地球的孩子，也許還有來自其他星球的生命。隕石可能帶來新生命，地球上的生命也未必完全誕生於地球，而是隨隕石一同融入地球。

《法華經》給了我們一個清晰的印象。地球是個微小的星球，而佛陀是地球的孩子。他希望照顧這個星球，他的眾多弟子也準備以溫柔的雙臂擁抱地球，照顧這個星球。因此，不用害怕沒人照顧我們的家園——地球。我們懂得怎麼做。人類有能力擁抱地球的痛苦，並保存這個星球的美好與奇蹟。我們都是地球的孩子，應該互相照顧，照料自己的環境。只要我們團結起來，一同行動，我們就能做到。

清晨鳥兒歡快地迎接朝陽。
你知道嗎，我的孩子，那白雲
還飄在蒼穹之中？
你現在在何處？
在當下的國度，
古老的山脈還在。
雖然白色的浪花
還是奔向遠處的海岸。
再看一眼，你會看到我在你之內，在每一葉和每個花苞。
如果你呼喚我的名字，你將立刻看見我。
你要去哪裡？

後記　你就是未來——真空法師

我曾像你們之中的許多人那麼年輕，具有改變世間疾苦的決心，但很多時候，當我做到自以為是「對」的事情，我和我的親密關係已經付出了代價。直到我遇見了老師，才學會如何處理如此困難的時刻：我感到迷失，受到憤怒、恐懼和絕望的衝擊。老師教我回到自己的呼吸，回到內在，只是與呼吸同在。這樣，我們能夠保持最佳的狀態：因為**靜止**而有清明的頭腦。深刻的覺醒和慈悲隨之顯現，就在那個當下，就在我們的內心，而且能夠看見它、碰觸它，即便在所謂「敵人」的內心，也是一樣。

不論何時，當你迷失在憤怒、恐懼或絕望之中，請記得，覺醒和慈悲一直存在於你的內心，就在那個當下。接觸到你內在的神聖是有可能的，無論你稱之為神、真主、梵天或是佛性。即刻回到自己的正念呼吸，保持安靜，不做任何事，不說任何話，甚至不要思考，就能觸及這股能量。只是與呼吸同在，過了一會兒，就能接觸到一直在你內在深處的平靜、慈悲和清明心。

覺醒和慈愛的種子就在你之內，在地球的所有人和所有物種之內。有時候，我們忘記了這一點。那顆種子或許迷失在我們的心識深處。你平和呼吸的時間愈長，內心的祥和慈悲就愈能夠增長。吸氣時，你接觸到內在的慈悲和仁愛的種子；呼氣時，你散發慈悲和仁愛的能量，給予周遭的一切，給予這個世界。這是在你身上顯現的觀音菩薩的能量。

我永遠不會忘記在越南，當我發現四位朋友在西貢河岸被射殺的那個清晨。那個時候，我被憤怒、恐懼和絕望給淹沒。但我還能將注意力集中在呼吸數個小時，沒有嘗試去思考、責罵、喊叫或詛咒。我持誦觀音菩薩聖號，盡我所能接觸內在的愛、平靜和慈悲，這並不容易。絕望如排山倒海而來，但我持續回到自己的呼吸，於是深層的靜止與祥和漸漸浮現。我心裡湧現柔和的安詳，而我找到方法，和同僚一起以愛、理解和諒解面對攻擊者。擁有內在的靜謐，我覺知到攻擊者只是奉命行事；他們不想這麼做，只是被迫執行任務。我們在摯友的葬禮上悼念他們，攻擊方的情報人員也在場，也許是我們內在的愛觸動了他們內在的愛，所以他們之後沒有再發動攻擊。從那天起，我們在入世行動的路途上，總是遇見許多菩薩。

如果我能做到，你也做得到。無論是接到令人震驚的消息、目睹不公義，或是感到無助、絕望，請記得，先回到正念呼吸。什麼都不要做，什麼都不要說，直到你接觸到平靜、安詳和愛。

大地母親需要你們，她正在呼喚著你們。你們是她所愛的孩子，她需要你們擁有愛、輕盈和安詳。你們的內在有光，有菩薩的能量。擁有生命中的精神層面，你們足以保持平衡，深刻地活在每個當下並珍惜自己的生命。擁有這樣的能量，你們能夠保護地球，並且互相保護。這只需要團結便能做到。不要成為孤單的戰士，請尋找盟友，在身處之地建立同好團體。大地母親、我們的靈性祖先和國土的祖先都仰賴你，把愛和信任的能量傳遞給你，而這股能量也會在你踏出的每一步陪伴著你。

鳴謝

本書是由一個多元、充滿活力的靈性團體成員一起合作，將老師豐富的教導付梓的成果。自從二〇一四年中風後，老師一直是戰士、沉默的聖者，給予學生們無限的愛、信任和支持。我們首先把最真誠的感謝和尊敬獻給我們的老師，以及所有靈性祖先為我們指示前行的道路。

我們感謝梅村的編輯核心團隊，他們和獻嚴法師一起工作，奉獻編輯技能、深刻的洞見、創意的指引，以及對本書的展望，幫助挑選老師的教導並擬定論述，包括法容法師（Brother Phap Dung）、楞嚴法師（Sister Lang Nghiem）、法靈法師（Brother Phap Linh）及 Jo Confino。如果本書達到目標，都是他們的功勞。

僧人的生活忙碌，資料蒐集和編輯不是一件輕鬆的事，我們深切感謝給予支持和信任的團體，特別是越南僧尼，他們把越南具有活力的禪宗傳統傳到西方，我們因此能把這些正宗的教導傳遞給今日新的一代。我們在此也感謝「覺醒團體」、持地共修團及ARISE共修團的多位菩薩，他們率先以全新的方式，去推動氣候公義、靈性修習、共修建設和地球療癒。他們是這本書的靈感來源，書中許多內容是老師帶領他們時給予的深刻教誨。

對於豐富本書評論的深刻教導，我們要感謝真空法師（Sister Chan Khong）、真德法師（Sister Chan Duc）、妙嚴法師（Sister Jina）、敬嚴法師（Sister Kinh Nghiem）、誓嚴法師（Sister The Nghiem）、法友法師（Brother Phap Huu）、法來法師（Brother Phap Lai）、法流法師（Brother Phap Luu）、賴瑞．華德博士、雪麗．梅普斯、Jerker Fredriksson、John Bell、Glen Schneider、Kaira Jewel Lingo、克莉絲汀娜．菲格雷斯（Christiana Figueres）。在本書完成的最後階段不吝給予愛、信任和鼓勵的人，獻嚴法師在此感謝Judith、Patrick Phillips、Rebekah Phillips、向嚴法師（Sister Huong Nghiem）、瑞嚴法師（Sister Thoai Nghiem）、黎嚴法師（Sister Le Nghiem）、力嚴法師（Sister Luc Nghiem）、持嚴法師（Sister Tri Nghiem）、Sashareen Morgan、Shantum and Gitu Seth、Denise Nguyen、Paz Perlman。

我們也衷心感謝 Harper-One 出版社的團隊，以及 Gideon Weil 的慈悲、積極鼓勵，在本書發想初期就給予無限的信任。感謝 Sam Tatum、Lisa Zuniga、Yvonne Chan，在設計及編印本書的過程中給予耐心和技術。感謝我們的出版代理人 Cecile Barendsma 在她的工作範圍之外，給予指引和具有洞見的建議。齋嚴法師（Sister Trai Nghiem）是我們的出版協調人，她以善巧、慈愛和優雅推動這本書的出版。

我們感謝一行禪師基金會和 Parallax Press 出版社的朋友們，慷慨分享資源，允許我們摘錄賴瑞．華德博士的著作《美國的種族業力》，以及雪麗．梅普斯在梅村刊物《正念鐘聲》（*The Mindfulness Bell*）的訪問內容。

感謝 The Resilience Shift 團隊允許我們摘錄 Seth Schultz 和 Peter Willis 訪問克莉絲汀娜．菲格雷斯的內容，也感謝 Climate One from The Commonwealth Club 團隊授權摘錄 Greg Dalton 訪問克莉絲汀娜．菲格雷斯的內容。

最後，我們感謝你們——參加禪修營的人、在老師講課時在場聆聽的人、向他提問或是閱讀他的著作的讀者，以及把老師的教導融入日常生活中的朋友。因為你在，一切都有可能。

國家圖書館出版品預行編目資料

禪和拯救地球的藝術／一行禪師（Thich Nhat Hanh）著；汪橋譯. -- 初版. -- 臺北市：大塊文化出版股份有限公司, 2022.09

308面；14.8×20公分. --（smile ; 185）

譯自：Zen and the art of saving the planet.

ISBN 978-626-7118-91-7（平裝）

1.CST：佛教社會學　2.CST：人類生態學

220.15　　111012169